Angriffsziel Israel

Tim LaHaye
Ed Hindson
Nathanael Winkler

Angriffsziel Israel
Tim LaHaye, Ed Hindson, Nathanael Winkler

Originally published in English under the title:
Target Israel

Published by Harvest House Publishers
Eugene, Oregon 97402, USA
www.harvesthousepublishers.com

Zitierte Bibelübersetzungen
Sofern nichts anderes vermerkt, zitieren wir die Schlachter-Bibel 2000.

2. Auflage 2018 (Koproduktion)

Verlag Mitternachtsruf, CH-8600 Dübendorf
www.mitternachtsruf.ch
Bestell-Nr. 180061
ISBN 978-3-85810-335-2

Christliche Verlagsgesellschaft GmbH, DE-35683 Dillenburg
www.cv-dillenburg.de
Bestell-Nr. 271 376
ISBN 978-3-86353-376-2

Übersetzung aus dem Amerikanischen: Martin Plohmann
Lektorat, Satz und Layout: www.dcagentur.de
Umschlag: www.dcagentur.de
Herstellung: GU-Print AG, CH-6312 Steinhausen
Bildnachweis Titelseite: massimofusaro / Thinkstock

Dank
Ein besonderer Dank geht an Dillon Burroughs und Michael W. Herbert für ihre redaktionelle Unterstützung.

Für meine treue Frau und meinen besten Freund, Beverly, mit der ich seit 68 Jahren verheiratet bin, und für unsere vier Kinder: Linda, Larry, Lee und Lori sowie ihre Ehepartner Murf, Sharron und Greg.

– *Tim*

Für meine wunderbare Frau Donna, mit der ich seit 48 Jahren verheiratet bin, und für unsere Kinder: Linda, Christy und Jon sowie ihre Ehepartner Andy, Jeff und Amanda.

– *Ed*

Wir sind beide sehr dankbar, dass wir keine grössere Freude haben als zu wissen, dass unsere Kinder «in der Wahrheit wandeln» (2Jo 1,4).

Und es soll geschehen an jenem Tag, dass ich Jerusalem zum Laststein für alle Völker machen werde; alle, die ihn heben wollen, werden sich gewisslich daran wund reissen; und alle Heidenvölker der Erde werden sich gegen es versammeln.

Sacharja 12,3

Inhalt

EINE NEUE, wachsende KRISE

Obwohl wir von Geburt aus beide aus den Heidenvölkern stammen und Jesus Christus nachfolgen, lieben wir schon lange das jüdische Volk und die Nation Israel. So sollte es bei jedem Gläubigen sein. Die Schrift und die Geschichte geben Christen mindestens drei wichtige Gründe, sich für das jüdische Volk und sein Land zu interessieren.

1. Der Urheber unseres Glaubens, Jesus Christus, war Jude. Er wurde auf wundersame Weise im Mutterleib der jüdischen Jungfrau Maria empfangen. Als Sohn eines jüdischen Vaters namens Joseph wuchs er in der jüdischen Stadt Nazareth auf. Obwohl ihn sein eigenes Volk in die Hände der römischen Autoritäten überlieferte, stand er am dritten Tag nach seinem Kreuzestod in Jerusalem, der Hauptstadt Israels, wieder auf. In derselben jüdischen Stadt nahm kurze Zeit später die Gemeinde zu Pfingsten ihren Anfang (Apg 2) und wuchs schnell unter den Juden, bevor sie sich über die Heiden in der ganzen Welt ausbreitete.
2. Die menschlichen Verfasser der Bibel waren fast ausschliesslich Juden. Von Mose, dem Autor des 1. Buches Mose, bis hin zum Apostel Johannes, dem Verfasser der Offenbarung, stammen die Bücher der Bibel von jüdischen Schreibern, die vom Heiligen Geist geleitet wurden, die Worte festzuhalten, die

unseren christlichen Glauben heute bestimmen. Mit der möglichen Ausnahme von Lukas, der das Lukas-Evangelium und die Apostelgeschichte schrieb, wurde jedes Buch der Bibel von einem jüdischen Schreiber verfasst. Viele Gelehrte nehmen sogar an, dass auch Lukas Jude war. Der jüdische Apostel Paulus hatte ihn zum Glauben an Christus geführt.

3. Das jüdische Volk gründete die Gemeinde in Jerusalem. Ohne die Führung der jüdischen Apostel Jesu und die mutigen frühen Nachfolger Christi wäre die Gemeinde, wie wir sie heute kennen, nicht, was sie ist. Diese frühen jüdischen Christen riskierten ihr Leben für das Evangelium, und viele von ihnen starben für ihren Glauben an Christus den Märtyrertod.

Auch die Geschichte der Vereinigten Staaten wurde stark beeinflusst von ihrem Verhältnis zum Staat Israel und dem jüdischen Volk. Viele grosse amerikanische Führungspersonen haben Gottes Bund mit Abraham in 1. Mose 12,3 anerkannt: «Ich will segnen, die dich segnen, und verfluchen, die dich verfluchen; und in dir sollen gesegnet werden alle Geschlechter auf der Erde!» Als Israel 1948 wieder ein Staat wurde, spielten die USA eine wichtige Rolle, indem sie sich für seine Anerkennung in der internationalen Gemeinschaft aussprachen. Amerikas Bemühungen im Zweiten Weltkrieg bestätigen ebenfalls seine Unterstützung für das jüdische Volk, als viele Menschenleben aus den Konzentrationslagern und vor dem Zorn von Adolf Hitlers Nazi-Deutschland gerettet wurden.

Heute steht Amerika vor einer neuen und wachsenden Krise in seiner historischen Beziehung zu Israel. Der jüdische Staat ist umgeben von vielen feindlichen Nachbarn, die seine Existenz nicht anerkennen und stattdessen geloben, ihn von der Landkarte auszuradieren. Des Weiteren schmieden viele dieser Nachbarn an einem Staatenbündnis, das sich gegen Israel und seine Souveränität stellt. Inmitten dieser anwachsenden Spannungen sprechen westliche Nationen vermehrt von Frieden, tun aber wenig, um Israel zu unterstützen. Diese «Passivität» lässt das jüdische Volk in einer verwundbaren Position zurück, die letzten Endes den Schutz eines liebenden Gottes deutlich macht, der über die Grenzen der Nation wacht.

Der winzige Staat Israel und seine feindlichen muslimischen Nachbarn. Die arabischen Nationen umfassen zusammen mehr als 12,9 Millionen Quadratkilometer, während Israel gerade mal 23.310 km² zählt. Auszug aus Randall Price, Fast Facts on the Middle East Conflict (Eugene, OR: Harvest House, 2003), S. 82. Mit freundlicher Genehmigung.

In diesem Buch werden wir uns die biblischen Informationen ansehen, die Israel als Gottes Superzeichen in der Endzeit zeigen. Leider legt eine wachsende Zahl an Christen die Bibel in Bezug auf Israel nicht wörtlich aus. Stattdessen befürworten christliche Führungspersonen und Bewegungen die weit verbreiteten falschen Lehren der so genannten Substitutionstheologie. Die Vertreter dieser Sichtweise glauben, die Gemeinde habe Israel im Plan Gottes für die Zukunft ersetzt. Statt nach vorne auf Gottes zukünftige Segnungen für Israel zu sehen, wollen die Befürworter der Substitutionstheologie Gottes Segnungen für die Gemeinde beanspruchen. Sie missverstehen die drei von Gott bestimmten Gruppen von Menschen, die die Bibel im Zusammenhang mit der Endzeit erwähnt. Paulus nennt diese Gruppen in 1. Korinther 10,32: «Gebt weder den Juden noch den Griechen noch der Gemeinde Gottes einen Anstoss.»

Diese drei Gruppen bestehen aus Heiden, Juden und Christen. Was ist mit den Juden, die den christlichen Glauben angenommen haben? Diese Personen sind gebürtige Juden und Christen durch ihren Glauben. Unser Freund und Kollege Dr. Thomas Ice machte folgende Aussage in *Charting the End Times*:

> «Das Studium der biblischen Prophetie ist in drei grosse Bereiche eingeteilt: die Nationen (Heiden), Israel und die Gemeinde. Über diese drei gibt uns Gottes zukünftiger Plan für sein Volk Israel mehr Details preis als über die Nationen oder die Gemeinde. Wenn die Gemeinde diese Prophezeiungen über Israel wörtlich nimmt, so wie wir es tun, dann

sehen wir einen grossen prophetischen Plan, der für Israel als Volk und Nation zukünftig ist. Wenn die Gemeinde diese Verheissungen jedoch geistlich betrachtet, wie sie es zu oft in der Geschichte getan hat, dann geht Israels prophetische Einzigartigkeit verloren und vermischt sich unrealistischerweise mit der Gemeinde. Gehen wir aber sorgfältig mit der Schrift um, erkennen wir, dass Gott eine erstaunliche und gesegnete Zukunft für einzelne Juden und die Nation Israel geplant hat. Aus diesem Grund glauben wir, dass Israel Gottes ‹Superzeichen› der Endzeit ist.

Gottes Verheissungen an Abraham und Israel sind nicht an Bedingungen geknüpft und durch die verschiedenen nachfolgenden Bündnisse garantiert. Ein klares Muster für Israels zukünftige Geschichte wurde bereits in 5. Mose prophezeit, noch bevor die Juden auch nur einen Fuss ins verheissene Land setzten (5Mo 4,28-31). Das prophezeite Muster für Gottes Plan mit Israel lautete folgendermassen: Sie würden unter Josua das Land erobern, sich schliesslich vom Herrn abwenden und aus dem Land vertrieben und unter die heidnischen Nationen zerstreut werden. Von dort würde der Herr das jüdische Volk in den letzten Tagen sammeln und es die Drangsalszeit erleben lassen. Gegen Ende der Drangsalszeit würden sie ihren Messias erkennen und wiedergeboren werden. Anschliessend würde Christus auf die Erde zurückkehren und Israel vor den Nationen retten, die sich bei Harmagedon versammelt haben, um die Juden auszulöschen. Eine zweite Sammlung des Volkes würde dann stattfinden als Vorbereitung auf die tausendjährige Herrschaft Christi, während der alle noch ausstehenden Verheissungen an Israel erfüllt werden. Dieses Muster wurde von den Propheten ausgearbeitet und im Neuen Testament bestätigt.

So wie die Gemeinde und die Nationen bereitet Gott auch sein auserwähltes Volk Israel vor, um seine Verheissungen an dieser Nation zukünftig zu erfüllen. Er hat das jüdische Volk bereits in sein altes Heimatland zurückgeführt (1948) und ihm Jerusalem gegeben (1967). Zurzeit herrscht in Israel allerdings eine ständige Krisensituation, insbesondere in der Altstadt von Jerusalem. Letzten Endes wird Israel einen Bund mit dem Antichristen eingehen, und das wird die sieben Jahre dauernde Drangsalszeit in die Wege leiten. Israels Sammlung und die heutigen Turbulenzen sind konkrete Zeichen dafür, dass Gottes endzeitlicher Plan kurz vor seiner Umsetzung steht. Die Tatsache, dass alle drei Linien der Prophetie (die Nationen, Israel und die Gemeinde) zum ersten Mal in der Geschichte zusammentreffen, ist schon ein Zeichen an sich. Deshalb glauben viele Studenten der Prophetie, dass wir den letzten Tagen nahe sind. Wenn Sie wissen wollen, welchen Kurs die Geschichte nimmt, dann behalten Sie einfach im Auge, was Gott mit Israel tut.»[1]

Das Evangelium Jesu Christi ist für alle ethnischen Gruppen: Asiaten, Afrikaner, Europäer, Juden, Araber – niemand ist ausgeschlossen. Gott ist nicht gegen die Araber, und wir sind es auch nicht. Er liebt das arabische Volk wie alle anderen Völker. Zwei Mal hätte er den so genannten arabisch-israelischen Konflikt bereits vor 4000 Jahren lösen können, hätte er Ismael, den Vater der Araber, in der Wüste sterben lassen (1Mo 16,7-11; 21,17-18). Doch stattdessen griff der Herr selbst ein, um Ismaels Leben zu verschonen, und verhiess, ihn zu einem grossen Volk zu machen, was er auch getan hat.

Der wahre Konflikt im Nahen Osten ist eher *religiöser* als ethnischer Natur. Der Islam ist eine Religion, Araber sind eine Ethnie. Nicht alle Araber sind Muslime. Es gibt viele christliche Araber, die politisch und sozial hinter dem «islamischen Vorhang» gefangen sind. Sie brauchen unser ständiges Gebet, unsere Hilfe und

Unterstützung. Ebenso sind viele Muslime keine Araber. So gibt es beispielsweise Türken, Kurden, Afghanen, Iraner und Indonesier, die ethnisch gesehen keine Araber sind. Die wahre Bedrohung für Israel und den Westen ist daher der religiöse Fanatismus.

Unser Ziel mit diesem Buch ist, Ihnen zu einem besseren Verständnis der biblischen Bedeutung Israels zu verhelfen. In seiner ganzen Geschichte hat Gottes segnende Hand auf dem jüdischen Volk geruht – seit dem Anfang mit Abraham und Sarah, während der Flucht aus der ägyptischen Sklaverei unter der Führung Moses und während zahlloser anderer Ereignisse, von denen sowohl die Bibel als auch die Geschichte berichten. Jahrhundertelang war das jüdische Volk auf der ganzen Welt zerstreut, aber in den letzten Jahrzehnten hat Gott es in dem heutigen Staat Israel wieder versammelt. Was die Zukunft angeht, so spricht die Bibel in Bezug auf Israel sowohl von Gericht als auch von Segen, der seinen Höhepunkt in den neuen Himmeln und der neuen Erde erreicht sowie in der himmlischen Stadt, dem neuen Jerusalem.

Eine der Hauptquellen des Hasses gegen Israel sind heute *radikale* islamistische Splittergruppen, die entschlossen sind, jedes Stück Land zurückzuerobern, das einst von islamischen Streitkräften besetzt war. Das schliesst den heutigen Staat Israel ein. Nicht alle Muslime sind Extremisten, aber jene, die es sind, gehen leider in die Tausende, und sie sind fest entschlossen, Israel zu vernichten und auszurotten. Diese radikalen Terroristen haben den Lügen des Teufels Glauben geschenkt, die das Wesen Gottes und seine Gebote für ein heiliges, biblisches Leben lästern. Und denen, die ihr Leben für eine muslimische Weltherrschaft geben, bieten sie eine weltliche und unmoralische Ewigkeit an.

1. ISRAEL IM KREUZFEUER von Gog und Magog

Von Nathanael Winkler

Seit Anbruch des 21. Jahrhunderts hat sich vieles verändert. Wir hören immer mehr von grossen Naturkatastrophen wie Hurrikane, Erdbeben, Vulkanausbrüche, Trockenheit und Dürre. Die Welt warnt vor der sogenannten Klimaerwärmung bzw. dem Klimawandel. Überall leben die Menschen in Furcht wegen der wachsenden Terrorgefahr, den wütenden Kriegen und der Flüchtlingswellen nach Europa, die einen ganzen Kontinent ins Wanken und in Unsicherheit zu bringen scheinen. In den letzten Jahren ist auch die weltweite Christenverfolgung extrem angestiegen.

Überdies beobachten wir, dass der alte Konflikt zwischen Ost und West wieder auflebt; ein neuer Kalter Krieg zieht auf und verursacht ein Wettrüsten rund um den Globus.

Der Wertezerfall der Gesellschaft, vor allem im Westen, ist in vollem Gange. Neue Ideologien, wie der Gendergedanke, zerstören von Gott eingesetzte Ordnungen. Ehe wird neu definiert. Das göttlich geschaffene Familienbild soll mit aller Macht vernichtet werden. Und das «Ich» nimmt immer mehr Platz ein; Egoismus gilt als

Tugend. An Festen wie dem Christopher Street Day oder der Gay Parade feiern die Menschen Perversion auf den Strassen.

Demgegenüber stehen ein nie dagewesener Wohlstand und eine Freiheit, die überall auf der Welt zunehmen. Die Fortschritte in Medizin, Wissenschaft und Technik sind enorm und atemberaubend. Und die Lebenserwartung der Menschen steigt ebenso stetig wie ihre Lebensqualität. Die Worte unseres Herrn Jesus in Matthäus 24,7-14 und die Warnung des Apostels Paulus in 2. Timotheus 3,1-9 werden in unserer Zeit immer sichtbarer.

Es ist, wie dem Propheten Daniel vor vielen Jahrtausenden gesagt wurde: «Du aber, Daniel, verschliesse diese Worte und versiegle das Buch bis zur Zeit des Endes! Viele werden darin forschen, und die Erkenntnis wird zunehmen» (Dan 12,4). Dabei dürfen wir aber nicht ausser Acht lassen: Prophetie und Endzeit haben auch immer mit Israel zu tun (vgl. Dan 10,14). Ein klares Zeichen der letzten Tage ist in dieser Hinsicht die Sammlung des Volkes Israel von allen Enden der Erde (Jes 11,12). Und in diesem Zusammenhang finden wir eine wichtige endzeitliche Prophezeiung in den Kapiteln 38 und 39 des Hesekielbuches, die den Angriff von Gog und Magog mit ihren Verbündeten auf das Land Israel beschreiben.

Dieser Abschnitt folgt direkt auf die Kapitel 36 und 37 des Propheten Hesekiel. In diesen geht es um die Sammlung des Volkes Israel von allen Enden der Erde und ist die berühmte Vision zu finden, in der die Totengebeine Israels zusammenrücken, und zwar ein Knochen zum anderen, diese Sehnen bekommen, Fleisch an ihnen wächst und sich Haut über sie zieht – und schliesslich wird der Odem des Lebens in sie eingehaucht. Das ist ein prophetisches Bild für Israel, das zerstreut und als eigenständige Nation tot war und in der Endzeit wieder in seinem Land lebendig wird.

Diesbezüglich sollte es uns nachdenklich stimmen, dass nach der Staatsgründung Israels bei Ausgrabungen in Masada verschiedene antike Schriftauszüge gefunden wurden, die die Wiederherstellung Israels verheissen, unter anderem aus Hesekiel 35,11-15;

36,1-10.13-14.17-35; 37,1-14.16.23.28; 38,1-4.7-8. Masada war die letzte Festung im Kampf gegen die Römer, ein Symbol sowohl für den jüdischen Widerstand als auch den Untergang der Juden im Land 70 n.Chr. Ausgerechnet dort fanden sich nun alte Bibeltexte, die die endzeitliche Wiederherstellung Israels bestätigen. Ein Zufall?

Die Gefahr spektakulärer Deutungen

Bei der Betrachtung der biblischen Prophetie müssen wir allerdings aufpassen, dass wir nicht zu schnell in sogenannte Verschwörungstheorien oder fantastische Auslegungen hineinstolpern. Leider kursiert eine lange Liste an negativen Auslegungen und verschwörerischen Gedanken unter Christen, die die Beschäftigung mit der biblischen Prophetie in Misskredit bringen. Einige konkrete Beispiele aus der jüngeren Geschichte seien an dieser Stelle genannt:

- Weitverbreitet und gewissermassen zeitlos sind die Verschwörungstheorien über Geheimbünde, die Illuminati, Freimaurer, Rockefeller- oder Rotschild-Familien, die angeblich nur das Ziel haben, die Menschheit zu dezimieren und zu beherrschen. Einige Ideen gehen sogar so weit, dass sie beschuldigt werden, den Ersten und Zweiten Weltkrieg initiiert zu haben. Diese Spekulationen, die oft ins Antisemitische ausufern, haben nichts mit der Interpretation der biblischen Prophetie zu tun.
- Vor einiger Zeit sind leider auch viele Gläubige auf die Behauptung aufgesprungen, dass CERN, der Teilchenbeschleuniger in Genf, das Tor zur Hölle öffnen und die Dämonen auf die Erde lassen würde. Solche Ideen sind «Altweiberlegenden» und haben nichts mit gesunder christlicher Lehre zu tun (1 Tim 4,7).
- Sehr beliebt war in den Jahren 2014 und 2015 das Phänomen der vier Blutmonde. Unzählige sogenannte Prophetie-Experten spekulierten damals über grosse Ereignisse in Israel, die die Wiederkunft des Herrn Jesus einleiten würden.

- 2017 war dann das Schmitta-Jahr, das sogenannte Sabbat-Jahr, das nach Meinung der Spekulanten grosse Katastrophen hätte bringen müssen. Dieses Jahr liegt mittlerweile auch schon hinter uns und die Welt dreht sich immer noch weiter.
- In diesem Kontext begab sich auch so mancher Christ unter die Sterndeuter, weil am 23. September 2017 angeblich eine besondere Sternenkonstellation auftrat, die mit Offenbarung 12 in Zusammenhang stand. Die Sternenkonstellation – die gar keine im Sinne der Spekulanten war – ging ziemlich geräuschlos und unbemerkt vorüber und die Marktschreier unter den «Prophetie-Experten» mussten wieder einen Strich auf ihrer langen Liste von falschen Vorhersagen setzen.
- Auch die Bundeslade wurde nach Meinung der christlichen Verschwörungstheoretiker schon mehrfach gefunden und irgendwo versteckt. Laut einer Anruferin soll sie derzeit im Keller des Missionswerkes Mitternachtsruf stehen!
- Eine der peinlichsten Entwicklungen im Umfeld der «Prophetie-Experten» ist seit einiger Zeit die Flache-Erde-Theorie. Sie gewinnt auch unter immer mehr bibeltreuen Christen an Boden und zieht die Auslegung des Wortes Gottes völlig ins Lächerliche.

Diese wilden Ideen und Spekulationen sind der Grund, warum viele Christen und Gemeinden sich gar nicht erst mit der Prophetie beschäftigen wollen. Das Wort Gottes ruft uns aber dazu auf, aufmerksam zu sein und die Zeichen der Zeit zu erkennen (Mk 13,35; 2 Petr 1,19). Diesem Aufruf wollen wir Folge leisten und in nüchterner Weise die Weissagungen von Hesekiel 38 und 39 betrachten.

Die verschiedenen Auslegungen

Hesekiel 38 bis 39 schildert den Einfall von Gog und Magog mit ihren Verbündeten in das Land Israel und Gottes Rettung auf diesen Angriff hin. Was den Zeitpunkt der Invasion angeht, gibt es vier bzw. fünf verschiedene Auslegungen:

Erstens in der Mitte der Drangsal. Nach diesem Verständnis geniesst Israel Frieden aufgrund seines Bündnisses mit dem Antichristen (Dan 9,27). In diese Situation hinein greifen Gog und Magog an, die mit dem König aus dem Norden gleichgesetzt werden (Dan 11,40). – Diese Theorie erscheint unhaltbar, wenn wir berücksichtigen, dass das von Gog und Magog attackierte Israel ein Land sein muss, das sicher wohnt (Hes 38,14). Das passt zu keiner Phase der Drangsalszeit, die ja gerade von Unruhe und Unsicherheit geprägt sein wird.

Zweitens am Ende der Drangsal. In dieser Theorie wird der Angriff von Gog und Magog mit der Schlacht von Harmagedon gleichgestellt. Dies passt aus denselben Gründen wie oben erwähnt nicht – wie kann Israel ausgerechnet am Ende der Drangsal sicher wohnen? Ausserdem stimmen die regionalen Machtbündnisse, die in Hesekiel 38 bis 39 beschrieben werden, nicht mit den Beschreibungen der universalen Schlacht von Harmagedon überein (Offb 16,13-17).

Drittens zwischen der Drangsal und dem Tausendjährigen Reich. Auch hier gilt, dass Israel gemäss Hesekiel 38 und 39 ein wiederaufgebautes Land sein muss, in dem bereits seit einiger Zeit Ruhe, Frieden und Sicherheit herrschen – und das trifft kaum auf die Zeit nach der Drangsal zu. Die Befürworter dieser Theorie berufen sich jedoch oft auf die Beobachtung, dass die Armeen Gogs und seiner Verbündeten primitiv seien. Dies würde auf die Zeit nach der Drangsal zutreffen, wenn alle modernen Waffen vernichtet wären. Dieser Gedanke wird den Beschreibungen von Hesekiel 38,4 entnommen, wonach Gog und Magog das Land Israel mit Rossen, Reitern, Schilden und Schwertern angreifen. Tatsächlich ist ein solches Heer im Vergleich mit modernen Panzern und Raketen primitiv. Doch dieses Argument erweist sich bei näherer Betrachtung als absurd, denn Hesekiel 38,4ff. betont gerade die Macht der Angreifer und dass sie «alle prächtig gekleidet» sind. Nach seinem Verständnis beschrieb Hesekiel damals eine hochmoderne, schwer bewaffnete und überlegene Armee! Ausserdem, wenn wir die Idee logisch weiterspinnen: Woher wollen diese «primitiven» Truppen nach sieben Jahren Drangsalszeit so viele trainierte Pferde hernehmen?

Viertens am Ende des Tausendjährigen Reiches. In Offenbarung 20,8 wird Gog und Magog in Verbindung mit der letzten grossen Schlacht am Ende des Tausendjährigen Reiches erwähnt. Deshalb gehen Vertreter dieser Auslegung davon aus, dass es sich um denselben Gog und Magog wie in Hesekiel 38 und 39 handeln muss. Diese Deutung macht wohl Sinn, allerdings passt die Schlacht am Ende des Tausendjährigen Reiches nicht in den Kontext von Hesekiel 38 und 39. Denn der alttestamentliche Prophet beschreibt den Angriff auf ein Land, das mithilfe des Schwertes aufgebaut worden ist und sich so eine gewisse Sicherheit erkämpft hat. Die Erinnerung am Wiederaufbau ist in diesem Israel noch stark präsent. Das trifft eher nicht auf die Welt am Ende des messianischen Friedensreiches zu, wo Schwerter zu Pflugscharen geworden sind und der Wiederaufbau schon lange zurückliegt.

Fünftens vor Beginn der Drangsal. Das ist die Sichtweise, die in diesem Kapitel dargelegt werden soll und im Gesamtkontext des prophetischen Wortes am meisten Sinn macht. Nichtsdestotrotz gilt: Welche Auslegung dieser Prophetie wirklich die richtige ist, werden wir erst bei ihrer Erfüllung mit absoluter Sicherheit sagen können.

Die angreifenden Völker

> «Und das Wort des Herrn erging an mich folgendermassen: Menschensohn, wende dein Angesicht gegen Gog im Land Magog, den Fürsten von Rosch, Mesech und Tubal, und weissage gegen ihn, und sprich: So spricht Gott, der Herr: Siehe, ich komme über dich, Gog, du Fürst von Rosch, Mesech und Tubal! Und ich will dich herumlenken und will dir Haken in deine Kinnbacken legen; ich will dich und deine ganze Kriegsmacht herausführen, Rosse und Reiter,

alle prächtig gekleidet, eine grosse Menge, die alle Ganzschilde, Kleinschilde und Schwerter tragen: Perser, Kuschiten und Put mit ihnen, alle mit Kleinschild und Helm, Gomer samt allen seinen Truppen, das Haus Togarma vom äussersten Norden, auch mit allen seinen Truppen, viele Völker mit dir» (Hes 38,1-6).

Gog ist der Herrscher und Anführer der Koalition gegen Israel. Viele Bibellehrer nehmen automatisch an, dass Gog ein irdischer Fürst sein muss. Das ist sehr gut möglich. Trotzdem lässt sich die Interpretation nicht von der Hand weisen, wonach Gog ein dämonischer Fürst sein kann, der die in Hesekiel 38,1-6 genannten Länder zum Angriff gegen Israel verführt. In Bezug auf Fürsten spricht die Heilige Schrift oft von dämonischen Mächten, die hinter irdischen Machthabern stehen. Ein Beispiel dafür sehen wir in der Geschichte Daniels, als er betete und sich die Antwort verzögerte, weil ein Engel, der ihn aufsuchen sollte, vom Dämonenfürsten über Persien aufgehalten wurde (Dan 10,11-12). Auch der Apostel Paulus spricht von dämonischen Fürstentümern, die diese Welt beherrschen (Eph 2,1-3; 6,12). Natürlich kann es sein, dass Gog eine irdische Person ist, aber wir sollten hier keine voreiligen Schlüsse ziehen, vor allem, wenn es aktuelle Politiker betrifft.

Magog wird in 1. Mose 10,2 als einer der Söhne Japhets aufgelistet. Hesiod, ein griechischer Dichter aus dem 8. Jahrhundert v.Chr., Herodot, ein griechischer Geschichtsschreiber aus dem 5. Jahrhundert v.Chr. sowie der jüdische Historiker Josephus Flavius aus dem 1. Jahrhundert n.Chr. sahen in Magog die Skythen – ein Reiter- und Nomadenvolk, das besonders wild und grausam war. Interessanterweise erwähnt der Apostel Paulus diese wilden Skythen in Bezug auf die Gemeinde; das Heil in Christus umfasst auch sie: «Wo nicht Grieche noch Jude ist, weder Beschneidung noch Unbeschnittenheit, noch Barbar, Skythe, Knecht, Freier – sondern alles und in allen Christus» (Kol 3,11).

Rosch ist ein weiterer Begriff, der in der Auflistung der angreifenden Völker von Hesekiel 38 vorkommt: Gog ist der «Fürst von Rosch, Mesech und Tubal» (V. 3). Mehrere Übersetzer betrachten Rosch als ein Volk wie Mesech und Tubal. Allerdings liesse sich «Fürst von Rosch» auch als «der Oberste der Fürsten» oder «das Haupt der Fürsten» übersetzen, wie beispielsweise 1. Chronik 7,40 dieselben hebräischen Worte wiedergibt: «Häupter der Fürsten». Rosch heisst im Hebräischen nämlich tatsächlich «Haupt». In der Septuaginta, der altgriechischen Übersetzung des Alten Testaments, wird Rosch in Hesekiel 38 als Eigenname und Nation verstanden; deshalb ist diese Deutung heute so weit verbreitet. Der aramäische Text dagegen gibt «Fürst von Rosch» wieder als: «Haupt über die Häupter». Neuere Bibeln halten sich in der Regel auch an die Übersetzung des hebräischen Wortes *rosch* als «Haupt» und nicht an die Lesart der Septuaginta. Mit anderen Worten: Mit Rosch könnte wohl ein Volk gemeint sein, aber es ist wahrscheinlicher und naheliegender, dass Hesekiel einfach sagte: «Gog, der du der oberste Fürst bist von Meschech und Tubal» (Lutherbibel 2017).

Mesech und Tubal werden in 1. Mose 10,2 ebenso wie Magog als Söhne Japhets genannt. Gemäss Hesekiel sind Mesech und Tubal Völker, die Schrecken verbreitet haben im Land der Lebendigen (Hes 32,26) und die gemeinsam mit Jawan (Griechenland) Handel getrieben haben (Hes 27,13-14; Jawan wird in 1. Mo 10,2 auch als Sohn Japhets aufgeführt, ein «Rosch» findet keine Erwähnung). Mesech und Tubal waren wohl in der heutigen Türkei angesiedelt, in den Küstenregionen am Mittelmeer und am Schwarzen und Kaspischen Meer.

Die Perser, deren Heere sich Gog und Magog anschliessen, lebten in der Region, die heute zum Iran gehört. Die Iraner nennen sich selbst denn auch Perser und sprechen bis heute die persische Sprache.

Die Kuschiten, die als Nächstes genannt werden, kommen wohl aus dem Gebiet des heutigen Sudan und *Put* aus der Region Libyens.

Das Haus Togarma, das als Letztes in der Auflistung der Angreifer erscheint, ist ein Volk «vom äussersten Norden» (Hes 38,6). Das sogenannte «Land des Nordens», das oft mit «den äussersten Enden der Erde» in Verbindung gebracht wird, erwähnen die Propheten mehrfach als eine Bedrohung Israels (Jer 6,22; 10,22; 16,15; 23,8; 31,8; 46,10; 50,9; Sach 2,10; 6,6.8). Aus Israels Perspektive kam der Feind stets aus dem Norden. Wann immer die Assyrer, Babylonier oder Perser angriffen, geschahen ihre Einfälle vom Norden her. Eigentlich liegen diese Länder östlich von Israel, aber der direkte Weg würde durch die Wüste führen – das wäre für angreifende Armeen unmöglich. Darum kamen die feindlichen Invasionen aus dem Norden. Und deshalb muss der Ausdruck «äusserster Norden» nach alttestamentlichem Verständnis nicht zwingend Russland bedeuten, wie einige Ausleger annehmen – es kann aber gut sein, weil nördlich der genannten Länder unter anderem das heutige Russland liegt. Jedenfalls zieht dieser Feind aus dem äussersten Norden weitere «viele Völker mit» sich (V. 6). Es handelt sich sozusagen um eine «Nordkoalition». Dies zeigt, dass die Schlacht von Gog und Magog nicht diejenige von Harmagedon sein kann, weil dort alle Völker der Erde vertreten sind. Hier geht es «nur» um viele Angreifer aus einer gewissen Region.

Hesekiel erwähnt die Länder und Völker der damaligen Zeit, die aus den Gebieten zwischen dem Schwarzen und Kaspischen Meer und dem Mittelmeer stammen. Das umfasst heute Nationen wie die Türkei, Georgien, Armenien, Aserbaidschan, Tschetschenien, Kasachstan, Usbekistan, Turkmenistan, Tadschikistan und Kirgistan. Mit der Ausnahme der christlich-orthodoxen Länder Georgien und Armenien sind dies alles islamische Völker. Und wenn wir die Staaten östlich des Iran (die Perser) betrachten, treffen wir auf weitere bedeutsame islamische Länder wie Afghanistan und Pakistan.

Deshalb können wir wohl davon ausgehen, dass der Islam eine gewisse endzeitliche Rolle spielen wird. Es ist die muslimische

Religion, die diese Länder heute zu Feinden des Staates Israel macht. Übrigens sah schon der deutsche Reformator Martin Luther im Erstarken des Islam ein Zeichen der Endzeit. Er stellte eine direkte Verbindung zwischen den Missständen im Christentum und dem Aufstieg der muslimischen Ottomanen («Türken») her. So sagte er, wer gegen die «Türken» erfolgreich kämpfen wolle, müsse deshalb zuerst «Gott die Rute [für die Christenheit] aus der Hand nehmen».[1]

Der, der wirklich handelt

Eines müssen wir uns vor Augen halten: Der ganze Krieg, alles, was geschieht, ist allezeit von Gott gesteuert und gewollt. Auch wenn es sich oft so anfühlt, als halte der Satan die Fäden in der Hand, kann er nie etwas tun, was Gott nicht erlaubt. Genauso ist es mit diesem Krieg: «Siehe, ich komme über dich ... ich will dich herumlenken ... ich will dich und deine ganze Kriegsmacht herausführen» (Hes 38,3-4; vgl. 39,2). Es ist Gott, der handelt und alles in seiner Hand hat.

Der lebendige Gott gebraucht gezielt diese Koalition aus dem Norden, um seine Grösse zeigen. Er handelt durch diese Völker, obwohl sie selbst meinen, sie seien unabhängig und würden aus eigener Macht vorgehen. Es ist Gott, der diese Mächte bewusst benutzt und zur Schlacht führt, um sie letztendlich zu erniedrigen.

Die Art des Angriffs

Die Feinde werden wie ein Unwetter kommen, wie eine finstere Wolke, die das Land Israel bedecken will (Hes 38,9). Wenn wir diese Bildsprache mit den letzten grossen Schlachten vergleichen und uns beispielsweise die Medienbilder des letzten Golfkriegs vergegenwärtigen, können wir gut verstehen, was es heisst, dass eine grosse Versammlung von Truppen wie ein Sturm über Israel kommen wird.

Der Zeitpunkt des Angriffs

Es wird «zur letzten Zeit» geschehen (V. 8), das heisst, in den letzten Tagen der Endzeit. Hesekiel schildert, wie diese letzte Zeit aussehen wird.

Das Israel «zur letzten Zeit» wird ein Land sein, «das dem Schwert entkommen» ist (V. 8). Das passt zum heutigen Israel. Das Volk ist dem Schwert des Zweiten Weltkrieges entkommen. In gewisser Weise hat dieser schreckliche Krieg dazu beigetragen, dass der jüdische Staat überhaupt erst gegründet werden konnte. Die Auferstehung des Volkes im Land Israel erfolgte durchs Schwert, durch mehrere Kriege hindurch: den Unabhängigkeitskrieg, den Suez-Krieg, den Abnutzungskrieg, den Sechstage-Krieg, den Jom-Kippur-Krieg und die Libanon-Kriege.

Das Israel «zur letzten Zeit» wird eine Nation sein, die «aus vielen Völkern wieder gesammelt worden ist» (V. 8). Auch das trifft in einzigartiger Weise auf das moderne Israel zu. Die Juden sind tatsächlich von einem Ende der Erde zum anderen Ende der Erde nach Israel gekommen, wie es das Wort Gottes schon vorhergesagt hatte (5 Mo 28,64). Im buchstäblichen Sinne geschah die weltweite Zerstreuung des jüdischen Volkes erst im 20. Jahrhundert. Die beiden Weltkriege hatten dazu geführt, dass Juden wirklich bis ans Ende der Welt zogen (von Israel aus gesehen). Und so konnte sich Jeremia 31,8-10 erfüllen, wonach Gott in der Sammlung der Juden von den Enden der Erde zurück nach Israel ein Zeichen für die Nationen setzt.

Das Israel «zur letzten Zeit» wird ein Land sein, dessen Berge eine «ganze Zeit verödet waren» (V. 8). Genauso war das Land «Palästina», das heutige Israel, lange verödet – bis es von den Juden wieder aufgebaut wurde. Seit deren Zerstreuung 70 n.Chr. war das Land immer mehr vernachlässigt worden. Zwar führten die Nationen viele Kämpfe um die Region, vor allem um Jerusalem (vgl. Dan 9,26b; Lk 21,24), aber das Land selbst pflegten sie kaum. Der grösste Niedergang erfolgte unter der Fremdherrschaft der Ottomanen, als die Wälder abgeholzt wurden, viele Araber das Land verliessen und die Landwirtschaft zum Erliegen kam. «Die Berge Israels» entwickelten sich buchstäblich zur Einöde.

Das Israel «zur letzten Zeit» wird ein Staat sein, in dem alle «ruhig und sicher wohnen» (Hes 38,8.11). – Kann dies etwa auf das heutige Israel zutreffen? Nach meinem Verständnis: Ja!

Ein Beispiel aus der Heiligen Schrift: In 5. Mose 12,9-11 erklärt Gott, dass der Ort der Anbetung erst gebaut wird, wenn Ruhe und Frieden im Land Israel herrschen. Diese Ruhe wurde durch König David geschaffen. Allerdings handelte es sich hierbei um eine Ruhe, für die David mit seinen Armeen unentwegt kämpfen musste. Hätten Davids Heere nicht in ständiger Bereitschaft gestanden und die Grenzen bewacht, hätte es bei all den Feinden ringsum auch keine Ruhe und keinen Frieden gegeben. Natürlich ist es Gott, der über allem wacht, aber Er gebrauchte damals die militärische Kraft Davids, von der dann Salomo profitierte. Dies sehen wir in gewisser Weise auch heute. Israels Armee und Geheimdienste mussten und müssen kämpfen, um die Ruhe und Sicherheit im Land aufrechtzuerhalten. Wenn wir nun Israel mit der Region vergleichen, lebt das jüdische Volk in einer erstaunlichen Ruhe und Sicherheit. Geschaffen wurde dies durch eine starke Armee und ständige Bereitschaft. Doch eines muss uns klar sein: Von heute auf morgen kann diese Ruhe vorbei sein.

Der Ort des Angriffs

Die Schlacht von Gog und Magog wird auf den Bergen Israels stattfinden (Hes 38,7-9) – was ein Ausdruck für das ganze Land Israel selbst sein kann. In biblischer Zeit umfassten die Berge Israels im engeren Sinne aber vor allem das Gebirge Judäas und Samarias. Heute steht dieses Gebiet unter palästinensischer Autonomie. Wenn wir den Text also buchstäblich verstehen, dann würde die feindliche Invasion vor allem über die heutigen Palästinensergebiete kommen.

Die führenden Völker der Nordkoalition

Wenn wir die Region betrachten, aus der Gog, Magog und ihre Verbündeten hauptsächlich kommen sollen, kristallisieren sich drei Völker heraus, die heute eine führende Rolle spielen oder spielen wollen:

Erstens der Iran. Die politische Führung des Landes strebt danach, eine Atommacht zu werden. Sie ist die lauteste Stimme in der islamischen Welt, die öffentlich zur Vernichtung Israels aufruft. Der Iran tritt auch immer dominanter in den Krisenherden des Nahen Ostens auf – im Irak, in Syrien, im Libanon. Und aufgrund des Konflikts in Syrien stehen die Iraner nun an Israels Nordgrenze; und sie haben nicht vor, diese Position zu verlassen. Als Gegenpol zum Konkurrenten Saudi-Arabien mit seinen Verbündeten spielt der Iran deshalb eine wichtige politische Rolle in der Region. Hieran sehen wir auch die Spaltungen, die in der islamischen Welt vorherrschen.

Zweitens die Türkei. Sie verlangt zurück nach alter Herrlichkeit, nach der Zeit der Sultane und des Osmanischen Reiches. Diese Sehnsucht prägt heute das Verhalten des türkischen Präsidenten Erdogan. Zwar demokratisch gewählt, reisst er mit nationalistisch-islamistischen Parolen die ganze Macht immer mehr an sich und entwickelt sich zum Alleinherrscher. Der Weg zur Diktatur scheint nicht mehr weit. Durch Mittel der Angst und Langzeitinhaftierungen werden Andersdenkende und wird jede Gegenstimme mundtot gemacht. Die Parallelen zur Machtergreifung der deutschen Nationalsozialisten von einst sind erschreckend. Erdogans Aussagen sind oft anti-israelisch und er ruft unverblümt zur Befreiung Jerusalems von den Ungläubigen auf. Die moderne Türkei unter seinem Regime will eine Koalition mit dem Iran, um so die massgebende Macht in der islamischen Welt zu werden.

Drittens Russland. Auch Russland möchte zu alter Stärke zurückkehren und eine Weltmacht werden. Mit Geschick und List etabliert sich Präsident Putin als der starke Mann. Kritische Journalisten und politische Gegner werden eliminiert. Die staatliche Propaganda stützt sich auf Stolz und Nationalismus. Seit einiger Zeit schon baut

Russland sich selbst zu einer modernen militärischen Macht auf. Das Land hat auch eine wichtige Rolle im Krieg in Syrien übernommen, indem es sich aktiv hinter Assad und seine Armee stellt. Wie der Iran ist Russland an Israels Nordgrenze erschienen, um zu bleiben. Inzwischen haben die Russen mehrere Stützpunkte und einen Militärhafen in Syrien errichtet.

Die Gegner der Nordkoalition

Eine Koalition aus dem Süden wird negativ auf den Angriff der Nordkoalition reagieren: Saba, Sedan und die Kaufleute von Tarsis, die als junge Löwen bezeichnet werden (Hes 38,13). Diese Formulierung beschreibt Machthaber, die nicht wirklich mächtig sind. Eine solche Koalition des Südens würde zu Saudi-Arabien und den Golfstaaten passen. Einige Ausleger sehen in den Kaufleuten von Tarsis ein Bild für Europa.

Es ist jedenfalls interessant zu sehen, dass Saudi-Arabien, das lange die tonangebende israelfeindliche Macht war, heute politisch und wirtschaftlich die Nähe zu Israel sucht. Saudi-Arabien scheint Israel sogar als Verbündeten gewinnen zu wollen. Dahinter steht natürlich das Kalkül der Machterhaltung, da im Norden eine Koalition entsteht, die eine Gefahr für den ganzen Nahen Osten ist.

Diese Südkoalition redet gegen Gog, Magog und Verbündete, doch sie handelt nicht (V. 13). Sie brüllt, aber greift nicht an. Das ist in der modernen Politik wohlbekannt. Gerade Europas führende Männer und Frauen reden viel und tun wenig. Und diejenigen in hoher Position, die etwas unternehmen, werden kritisiert. Dieses Reden ohne Handeln ist ein Zeichen von Hilflosigkeit, Kraftlosigkeit und vielleicht auch von einer gewissen Ahnungslosigkeit.

Der Grund des Angriffs

> «Du wirst sagen: ‹Ich will hinaufziehen in das offene Land; ich will über die kommen, die ruhig und sicher

> wohnen; sie wohnen ja alle ohne Mauern; sie haben weder Riegel noch Tore!› Um Beute zu machen und Raub zu raffen, wirst du deine Hand an die wieder bewohnten Ruinen zu legen suchen, und an das Volk, das aus den Heidenvölkern gesammelt worden ist, das Vieh und Güter bekommen hat und das den Mittelpunkt der Erde bewohnt. Dann werden Saba und Dedan und die Kaufleute von Tarsis und alle ihre jungen Löwen zu dir sagen: Bist du gekommen, um Beute zu machen? Hast du deine Menge gesammelt, um zu plündern, um Silber und Gold zu nehmen, um Vieh und Güter wegzuführen und grossen Raub an dich zu reissen?» (Hes 38,11-13).

Der Grund für den Angriff ist wirtschaftlich. Die Nordkoalition greift Israel an, weil sie sich neue Reichtümer verspricht. Doch die Frage, die wir uns ehrlich stellen müssen: Welche Schätze hat Israel überhaupt? – Eigentlich gar keine.

Ausleger der Prophetie weisen oft darauf hin, dass es Israel ja sehr gut gehe. Aber dieser Reichtum wird durch eine funktionierende Wirtschaft generiert, nicht durch Bodenschätze. Im Kriegsfall würde Israels Wohlstand in sich zusammenbrechen – und dann gäbe es für den Eroberer nichts mehr zu holen. Auch die grossen Gasfunde Israels sind ein Klacks gegenüber dem, was Russland und der Iran selbst haben.

Wahrscheinlich geht es bei dem «grossen Raub», den die Nordkoalition machen will, nicht nur um Israel. Gog, Magog und Verbündete suchen nach einer Legitimation für einen regionalen Krieg, um die Bodenschätze des ganzen Nahen Ostens an sich zu reissen. Genau das wird ihnen ja von der Südkoalition auch vorgeworfen: «Bist du gekommen, um Beute zu machen? Hast du deine Menge gesammelt, um zu plündern, um Silber und Gold zu nehmen, um Vieh und Güter wegzuführen und grossen Raub an dich zu reissen?» (V. 13).

Wir sollten nicht ausser Acht lassen, dass die meisten Kriege im Nahen Osten heute aus genau diesem Grund geführt werden. Zwar werden oft humanitäre (vonseiten des Westens) oder religiöse Gründe (aus islamischer Sicht) in den Vordergrund gestellt, aber in Wahrheit stürzen sich die Grossmächte in die Konflikte des Nahen Ostens, weil sie genau wissen, dass derjenige, der diese Gebiete beherrscht, die Bodenschätze kontrolliert. Deshalb haben sich so viele in die Kriege im Irak, in Syrien, in Libyen etc. eingemischt.

Solch ein Krieg aus wirtschaftlichen Gründen bekommt nur eine Legitimation, wenn der Angreifer einen plausiblen Grund vorbringt. Welcher Vorwand würde in der islamischen Welt rund um Israel akzeptiert werden? Der eines Glaubenskrieges: die Befreiung «Palästinas» von den Ungläubigen. Deshalb erscheint es so naheliegend, dass der Islam eine entscheidende Rolle in der Endzeit spielt, weil der Angriff der Nordkoalition auf Israel islamisch geprägt sein würde. Die Südkoalition um Saudi-Arabien könnte dagegen wenig sagen, da der muslimische Glaube für einen solchen Angriff eine Rechtfertigung gibt. Slogans, die genau in diese religiöse Richtung gehen, benutzen heute die Iraner sowie die Türkei unter Erdogan.

Sollte Russland beteiligt sein, kann es zwar nicht unbedingt den Glauben als Kriegsgrund anführen, aber interessant ist doch, dass im Kalten Krieg gerade Russland (damals die Sowjetunion) einen wichtigen Part als Verbündeter und Unterstützer der Feinde Israels gespielt hat. Russland war es, der von den 1960er-Jahren an die Angreifer aktiv und bewusst mit Waffen und Knowhow ausgerüstet hatte. Nach dem Zusammenbruch der Sowjetunion rückte diese Rolle in den Hintergrund, aber Putins Machtansprüche und die Entwicklungen in Syrien haben die Situation massiv verändert.

In diesem Zusammenhang ist es auch bemerkenswert, dass sich die Armeen in der Region derzeit wie nie zuvor aufrüsten. Und davon profitieren wiederum alle führenden Nationen der Erde – durch Kauf und Verkauf.

Weil sich nun in der Prophetie von Hesekiel Koalitionen aus dem Norden und dem Süden gegenüberstehen und es um mehr als nur um Israel allein zu gehen scheint, betrachten einige Ausleger Daniel 11,40-45 als Parallelstelle, wo von den Königen des Südens und des Nordens die Rede ist:

> «Zur Zeit des Endes aber wird der König des Südens mit ihm zusammenstossen. Da wird dann der König des Nordens mit Wagen, Reitern und vielen Schiffen auf ihn losstürmen und in die Länder eindringen und sie überschwemmen und überfluten. Er wird auch in das herrliche Land kommen, und viele werden unterliegen. Diese aber werden seiner Hand entfliehen: Edom, Moab und die Vornehmsten der Ammoniter. Er wird auch seine Hand nach den Ländern ausstrecken, und das Land Ägypten wird nicht entfliehen; sondern er wird sich der Gold- und Silberschätze und aller Kostbarkeiten Ägyptens bemächtigen; auch werden Lubier und Kuschiten zu seinem Gefolge gehören. Aber Gerüchte aus Osten und Norden werden ihn erschrecken; daher wird er in grosser Wut aufbrechen, um viele zu verderben und zu vertilgen. Und er wird sein Prachtzelt zwischen dem Meer und dem herrlichen Berg des Heiligtums aufschlagen; da wird er sein Ende finden, und niemand wird ihm helfen» (Dan 11,40-45).

Die Auswirkungen des Angriffs

Gott wird nicht teilnahmslos zusehen: «Es soll aber zu jener Zeit geschehen, zu der Zeit, wenn Gog gegen das Land Israel heranzieht, spricht Gott, der Herr, dass mir das Zornesfeuer in mein Angesicht steigen wird» (Hes 38,18). Einerseits wird Gott, als Zeichen seines Gerichts, diese Invasion in die Wege leiten, andererseits wird er dafür die machtgierigen Angreifer, die ja keineswegs als seine willenlosen Roboter handeln, zur Verantwortung ziehen.

Das Ergebnis wird sein:

> «Die Fische im Meer werden vor mir erbeben, die Vögel des Himmels, die Tiere des Feldes, auch alles Gewürm, das auf dem Erdboden kriecht, und alle Menschen, die auf Erden sind. Auch die Berge sollen einstürzen, die Felswände fallen und alle Mauern zu Boden sinken. Ich will auch auf allen meinen Bergen das Schwert gegen ihn aufbieten, spricht Gott, der Herr, sodass das Schwert eines jeden sich gegen den anderen richten wird. Und ich will ihn richten mit Pest und Blut; einen überschwemmenden Regen und Hagelsteine, Feuer und Schwefel will ich regnen lassen auf ihn und auf seine Kriegsscharen, auf die vielen Völker, die bei ihm sind» (V. 20-22).

Manche Bibellehrer erkennen in diesen Aussagen die Folgen eines Atomkrieges. Meines Wissens kann das nicht möglich sein, da der Atomstaub die ganze Region verseuchen und unbewohnbar machen würde. Und dies ist gemäss Hesekiel 39 nicht der Fall. Nach dem Krieg soll das Gebiet wieder bewohnt werden.

Gott selbst wird die Angreifer dazu führen, dass sie sich gegenseitig umbringen (Hes 38,22). Die Art und Weise, wie sie umkommen, ist übernatürlich und deshalb deutlich als Gottes Reden und Handeln erkennbar. Wir lesen denn auch nirgendwo etwas von einem Gegenangriff oder von Verteidigungsmassnahmen, sondern nur vom Eingreifen Gottes selbst (vgl. Hes 39,4-5).

Politisch und militärisch gesehen könnte der Ausgang dieses Krieges dazu führen, dass der militante Islam seine Macht und Stärke in der Welt verliert. Für Israel dagegen wird das Ergebnis eine grosse materielle Beute sein (Hes 39,9-11). – Diese «irdisch-politischen» Folgen sprechen auch gegen die Meinung, dass es eine Schlacht am Ende des Tausendjährigen Reiches sein wird; denn danach erscheint ja die ewige Herrlichkeit eines neuen Himmels und einer neuen Erde. Zur These, dass dieser Angriff ohnehin vor der Drangsal stattfinden wird, passt ausserdem die Tatsache, dass die Toten über sieben Monate lang begraben werden und in dieser Region später eine Stadt namens Hamona gebaut werden wird. Könnte dies etwa wirklich auf irgendeine Zeit während oder nach der Drangsal zutreffen?

Das geistliche Ergebnis der Schlacht

> «So will ich mich gross und heilig erweisen und mich zu erkennen geben vor den Augen vieler Völker; und sie sollen erkennen, dass ich der Herr bin!» (Hes 38,23).

Gott wird sich den Völkern offenbaren. Wenn Gott mit Israel handelt, ist es immer ein Reden zu den Nationen: «So spricht Gott, der Herr: Nicht um euretwillen tue ich dies, Haus Israel, sondern wegen meines heiligen Namens, den ihr entweiht habt unter den Heidenvölkern, zu denen ihr gekommen seid. Darum will ich meinen grossen Namen wieder heilig machen, der vor den Heidenvölkern entheiligt worden ist, den ihr unter ihnen entheiligt habt! Und die Heidenvölker sollen erkennen, dass ich der Herr bin, spricht Gott, der Herr, wenn ich mich vor ihren Augen an euch heilig erweisen werde» (Hes 36,22-23).

Genau dies geschieht auch hier; die Völker werden erkennen, dass etwas Übernatürliches geschehen ist. Das Ergebnis: «Und ich werde meinen heiligen Namen offenbar machen unter meinem Volk Israel, und ich werde meinen heiligen Namen künftig nicht mehr entweihen lassen; sondern die Heidenvölker sollen erkennen, dass ich, der Herr, der Heilige in Israel bin!» (Hes 39,7).

Gott offenbart seinen heiligen Namen gegenüber dem Volk Israel. Sollte dieser Angriff vor der Tür stehen und vor der siebenjährigen Drangsalszeit stattfinden, könnte sich die Schlacht von Gog und Magog als eine letzte Gnadenbotschaft an die Nationen und Israel erweisen. Noch einmal wird deutlich gezeigt, wer der wahre Gott ist. – Ist es möglich, dass es noch einmal zu einer Erweckung kommt?

> «Und ich will meine Herrlichkeit unter den Heidenvölkern erweisen, und alle Heidenvölker sollen mein Gericht sehen, das ich gehalten habe, und meine Hand, die ich an sie gelegt habe. Und das Haus Israel soll erkennen, dass ich, der Herr, ihr Gott bin, von diesem Tag an und künftig» (Hes 39,21-22).

Die Heidenvölker werden erkennen, dass das Gericht von Gott kam. Erkennen heisst aber nicht immer bekehren. Das sehen wir auch in der Offenbarung, wo die Völker Gottes Gerichtshandeln erfahren, aber nicht Busse tun (Offb 16,9-11). So kann wohl eine Erweckung stattfinden, aber nicht in der Weise, dass sich tatsächlich alle Nationen bekehren werden.

Genauso wird es auch in Israel sein; alle werden es erkennen, aber nicht jeder wird sich bekehren. Die endzeitliche Erweckung in Israel wird so zwei Fronten entstehen lassen: die eine, die den kommenden Antichristen annehmen wird, und die andere, die den verheissenen gläubigen Überrest des Volkes bildet. Wenn also Gott in diesem Zusammenhang seinen heiligen Namen offenbar macht und sich vornimmt, seinen heiligen Namen künftig nicht mehr entweihen zu lassen, dann bedeutet das, dass dieser Krieg das Ende der 2000-jährigen Gnadenzeit einläutet und den Einbruch der Gerichtszeit der grossen Drangsal beschleunigt.

In Vers 6 von Kapitel 39 heisst es: «Und ich werde Feuer senden gegen Magog und gegen die, welche auf den Inseln sicher wohnen; und sie sollen erkennen, dass ich der Herr bin.» Das bedeutet, dass Gott nicht nur die Streitmächte direkt umbringt, sondern sich auch als heilig gegenüber der Bevölkerung in den Nationen der Angreifer-Koalitionen erweist.

Die letztendliche Bekehrung des Volkes Israel, die in Hesekiel 39,25-29 beschrieben wird, kommt allerdings erst später – nach meinem Verständnis nämlich dann, wenn Jesus Christus in grosser Macht und Herrlichkeit wiederkommt (vgl. Sach 12,10).

Fazit

Der Apostel Paulus betont: «Denn ihr wisst ja genau, dass der Tag des Herrn so kommen wird wie ein Dieb in der Nacht. Wenn sie nämlich sagen werden: ‹Friede und Sicherheit›, dann wird sie das Verderben plötzlich überfallen wie die Wehen eine schwangere Frau, und sie werden nicht entfliehen» (1.Thess 5,2-3).

Der Angriff von Gog und Magog und Verbündeten kann genau diesen Zustand auslösen. Der vermeintlich letzte Feind, nämlich der militante Islam, ist vernichtet und die Menschheit glaubt und spricht davon, dass die Welt jetzt Frieden und Sicherheit erreicht hat. Vielleicht wird dieser Angriff «zur letzten Zeit» sogar den Antichristen selbst auf den Plan rufen, der als starker Mann wirklich Frieden und Sicherheit auf Erden bringen wird.

Und so glaube ich, dass wir diesen Angriff, vor dem Beginn der Drangsal, miterleben könnten. Was aber auch immer geschehen mag, Gott ist der, der handelt und in allem zu Seinem wunderbaren Ziel kommt.

> «O welche Tiefe des Reichtums sowohl der Weisheit als auch der Erkenntnis Gottes! Wie unergründlich sind seine Gerichte, und wie unausforschlich seine Wege! Denn wer hat den Sinn des Herrn erkannt, oder wer ist sein Ratgeber gewesen? Oder wer hat ihm etwas zuvor gegeben, dass es ihm wieder vergolten werde? Denn von ihm und durch ihn und für ihn sind alle Dinge; ihm sei die Ehre in Ewigkeit! Amen» (Röm 11,33-36).

2. DIE RELIGIÖSEN Überzeugungen DER FEINDE ISRAELS

Trotz aller Versuche, politisch korrekt zu sein, hält praktisch jeder militante Feind Israels im Nahen Osten an den Lehren des Islam fest. Gleichzeitig haben viele Leute, einschliesslich amerikanischer Präsidenten und politischer Führer, den Islam zu einer Religion des Friedens erklärt. Aber was glauben Muslime wirklich?

Die fundamentalen Glaubensüberzeugungen des Islam basieren historisch gesehen auf den so genannten fünf Säulen des Islam. Diese beinhalten:

1. den Glauben an das Einssein Gottes (Allah) und die Endgültigkeit des Prophetentums Mohammeds;
2. die Verrichtung der täglichen Gebete;
3. die Sorge um die Bedürftigen und das Entrichten von Almosen;
4. die Selbstreinigung durch Fasten und
5. die Pilgerfahrt nach Mekka für diejenigen, die dazu in der Lage sind.[1]

Heute gibt es zwei Hauptrichtungen des Islam: die Sunniten und die Schiiten (eine dritte Gruppe ist der Sufismus, der als mystische Form des Islam existiert). Die Sunniten machen 90 Prozent der Muslime aus, und die Schiiten bilden den Grossteil der übrigen muslimischen Weltbevölkerung. Der wesentliche Unterschied zwischen diesen beiden Gruppen wird durch die Frage bestimmt, wen sie nach dem Tod Mohammeds, dem Gründer des Islam, als den wahren Führer des Islam anerkennen. Sunniten glauben, dass der rechtmässige Nachfolger Mohammeds Abu Bakr war, der Vater seiner Frau Aischa. Sie halten sich ausschliesslich an die Lehren des Korans. Im Gegensatz dazu glauben die schiitischen Muslime, dass Mohammeds Autorität auf seine Nachkommen überging, beginnend mit seinem Schwiegersohn Ali.

Unter Abu Bakr war der Dschihad (den manche Muslime als die sechste Säule des Islam ansehen) das Mittel, die islamische Herrschaft von Spanien bis nach Indien auszuweiten. Der arabische Begriff für *Dschihad* bedeutet «Kampf» und wurde historisch als heiliger Krieg im Namen Allahs, des Gottes des Islam, verstanden. Der Dschihad ist die Grundlage für militante Terroraktionen und den Kampf der Araber gegen Israel.

Viele Dschihadisten streben mit einer Vielzahl von Mitteln ein weltweites Kalifat an (eine muslimische Nation). Obgleich der offene Konflikt das sichtbarste Mittel ist, konzentrieren sich andere muslimische Bewegungen auf *fatah* – die Idee, eine Gemeinschaft oder Nation so zu unterwandern, bis der Islam zu einem bestimmenden Einfluss geworden ist. Häufig wird dies auch als *Islamifizierung* des Westens bezeichnet. Veränderungen in der Demografie Europas und sogar einiger Teile Nordamerikas bezeugen, wie effektiv diese Methode ist. In einigen Teilen Grossbritanniens wird heute sogar das Gesetz der Scharia praktiziert, und manche Befürworter wollen es an amerikanischen Gerichten einführen.

Eine andere Methode, durch die der Islam seinen Einfluss vergrössert, ist die Indoktrination. Wo nehmen militante Muslime

Unterricht? Im Internet. Der Terrorismusbekämpfungsanalytiker Rohan Gunaratna berichtete im März 2013: «Im Internet gibt es mehr als 10.000 Webseiten von Extremisten, verglichen mit weniger als 100, die sie bekämpfen. ... Terroristen nutzen das Internet in einem wachsenden Masse als Instrument der Massenkommunikation und Radikalisierung.»[2]

Solche Taktiken zeigen deutlich Erfolg. Während ich dies hier schreibe, gab eine Schlagzeile der *Washington Post* bekannt, dass drei amerikanische Teenager festgenommen wurden; sie wurden online rekrutiert und wollten sich dem Islamischen Staat anschliessen. Amtliche Stellen geben an: «Allein in diesem Jahr haben Beamte 15 US-Bürger in Haft genommen (von denen neun Frauen waren), die nach Syrien reisen wollten, um sich dort einer militanten Gruppe anzuschliessen. Fast alle von ihnen waren muslimische Teenager oder Anfang 20, und nahezu alle wurden am Flughafen festgenommen, während sie auf ihren Flug warteten.»[3]

Was ist das Ziel? Die Personen, die ein weltweites Kalifat anstreben, wollen die Herrschaft der Scharia in der Welt, das Regierungssystem, das heute in vielen mehrheitlich muslimischen Ländern vorzufinden ist. Das Schariagesetz ist die Herrschaft des Korans (das heilige Buch des Islam) und der Lehren der Hadith (massgebende Kommentare zu den Worten des Korans). Auch wenn muslimische Nationen das Gesetz der Scharia unterschiedlich anwenden, sind sie sich doch darin einig, dass sie absolute Autorität über alle Bereiche des Lebens haben. Der Autor Gregory Davis schreibt:

> «Im Gegensatz zu vielen anderen Religionen enthält der Islam einen vorgeschriebenen gesetzlichen und politischen Plan für die Gesellschaft, der Scharia genannt wird, was in etwa mit ‹Weg› oder ‹Pfad› übersetzt werden kann. Die Grundsätze der Scharia leiten sich von den Geboten des Korans und der Sunna ab (die Lehren und Traditionen Mohammeds, wie sie in den verlässlichen Hadiths und der Sira

zu finden sind). Zusammen legen Koran und Sunna die Vorschriften der Scharia fest, den Entwurf für eine gute islamische Gesellschaft. Da die Scharia ihren Ursprung im Koran und der Sunna hat, ist sie absolut massgebend. Die Scharia ist das Gesetzbuch, das Allah der ganzen Menschheit vorgeschrieben hat. Verstösse gegen die Scharia oder Missachtung ihrer Autorität sind mit einer Rebellion gegen Allah gleichzusetzen, was die Treuen Allahs bekämpfen sollen.

Der Islam unterscheidet nicht zwischen Religiösem und Politischem; vielmehr bilden der Islam und die Scharia ein umfassendes Mittel zur Ordnung jedes gesellschaftlichen Bereiches. Obschon es für eine islamische Gesellschaft theoretisch möglich ist, unterschiedliche äussere Formen aufrechtzuerhalten – eine gewählte Regierung, eine Erbmonarchie etc. –, ist die Scharia doch ungeachtet der äusseren Struktur ihr vorgeschriebener Inhalt. Diese Tatsache bringt die Scharia in Konflikt mit Regierungsformen, die auf etwas anderem basieren als dem Koran und der Sunna.»[4]

Es lassen sich viele grausame Beispiele dafür finden, wie weit die Autorität des Schariagesetzes reicht. Die Gebote der Hadith lehren beispielsweise: «Wenn ein Muslim seine Religion ändert, so töte ihn» (Bukhari 9.57). Mit anderen Worten, jede als Muslim geborene Person, die ihre Religion ändert und dies nicht widerruft, kann getötet werden. Genauso wird dieses Gebot heute in einigen muslimischen Staaten angewandt. 47 der über 190 Nationen auf der Welt sind überwiegend muslimisch. Von den 16 überwiegend muslimischen Staaten in Nordafrika und im Nahen Osten ist nicht einer eine Demokratie (im Gegensatz zu Israel, der am längsten existierenden Demokratie im Nahen Osten).

Im 17. Jahrhundert wurden besiegte Christen in Syrien gezwungen, eine Kapitulation zu unterzeichnen, Pakt von Umar genannt. Ihre Forderungen enthalten mehrere Gesetze, die seitdem in anderen muslimisch geführten Nationen zur Anwendung gekommen sind, einschliesslich Restriktionen für den Bau von Kirchen, die Evangelisation unter Muslimen und die öffentliche christliche Anbetung. Im Allgemeinen wurden diese Beschränkungen angewandt als Bedingungen eines Bundes (*dhimma* genannt), der die Kapitulation und Unterwerfung unter muslimische Herrscher vorsah.[5] Dieselben Beschränkungen gelten heute noch für Christen (und andere Nicht-Muslime) in von Muslimen beherrschten Ländern im ganzen Nahen Osten.

Der Koran selbst schreibt harte Strafen für Nicht-Muslime vor. So sagt Sure 5:33 beispielsweise: «Der Lohn derjenigen, die Krieg führen gegen Allah und Seinen Gesandten und sich bemühen, auf der Erde Unheil zu stiften, ist indessen (der), dass sie allesamt getötet oder gekreuzigt werden, oder dass ihnen Hände und Füsse wechselseitig abgehackt werden, oder dass sie aus dem Land verbannt werden» (Übersetzung: Scheich Abdullah As-Samit [F. Bubenheim] und Dr. Nadeem Elyas).

Während sich die Schlagzeilen in den sozialen Medien in letzter Zeit in erster Linie auf die Enthauptungen durch den IS fokussiert haben, sind brutale Bestrafungen weit verbreitet in Gesellschaften, die unter dem Gesetz der Scharia stehen, und Frauen befinden sich in einer besonders prekären Lage. 2008 wurde in Saudi-Arabien z.B. die 26-jährige Fatima Al-Mutairi von ihrem eigenen Bruder hingerichtet, weil sie sich zu Christus bekehrt hatte. Vor ihrem Tod wurde sie vier Stunden lang in einem Zimmer eingesperrt. In dieser Zeit schrieb sie ein Gedicht mit dem Titel «Und um Christi willen ertragen wir alles.» Direkt vor ihrem Tod veröffentlichte Fatima dieses Gedicht im Internet. Hier ein Auszug:

«Wir haben Mohammed verlassen,
und wir folgen nicht seinem Weg
Wir folgen Jesus Christus, der klaren Wahrheit

Wahrhaftig, wir lieben unser Heimatland,
und wir sind keine Verräter
Wir sind stolz darauf, saudische Bürger zu sein
Wie könnten wir unser Heimatland verraten,
unser geliebtes Volk?
Wie können wir für den Tod – für Saudi-Arabien – bereit sein?
Das Heimatland meiner Grossväter, ihre Herrlichkeiten
und ihre Pracht – dafür schreibe ich
Und wir sagen: ‹Wir sind stolz, stolz, stolz, Saudis zu sein.›
Wir haben unseren Weg gewählt,
den Weg der richtig Geführten
Und jeder Mann ist frei, irgendeine Religion zu wählen
Gebt euch damit zufrieden, es uns selbst zu überlassen,
an Jesus zu glauben
Lasst uns in Würde leben, bevor unsere Zeit kommt
Tränen fliessen meine Wange hinunter,
und Oh! das Herz ist traurig
Wegen jenen, die Christen werden, wie seid ihr so grausam!
Und der Messias sagt:
‹Glückselig sind die, die verfolgt werden.›
Und um Christi willen ertragen wir alles
Was heisst es für euch, dass wir Ungläubige sind?
Ihr liegt nicht in unseren Gräbern,
als wäret ihr mit uns begraben
Genug – eure Schwerter machen mir keine Sorgen,
weder Böses noch Schande
Eure Drohungen beunruhigen mich nicht,
und wir fürchten uns nicht
Und durch Gott bin ich bis zum Tode ein Christ – Wahrlich
Ich weine um das Vergangene eines traurigen Lebens.»[6]

Die fehlende religiöse Freiheit in mehrheitlich muslimischen Staaten ist ernüchternd. 2014 gab es weltweit 13 Nationen, in denen

«Menschen, die sich öffentlich zum Atheismus bekannten oder die offizielle Staatsreligion des Islam ablehnten, vor dem Gesetz mit dem Tod verurteilt wurden.» Alle diese Nationen stehen bis zu einem gewissen Grad unter dem Gesetz der Scharia. Zu diesen Ländern gehören: «Afghanistan, Iran, Malaysia, die Malediven, Mauretanien, Nigeria, Pakistan, Katar, Saudi-Arabien, Somalia, Sudan, die Vereinigten Arabischen Emirate und der Jemen.»[7]

Sogar Bloggen kann gefährlich sein. Der Blogger Raif Badawi wurde von einem saudi-arabischen Gericht zu zehn Jahren Gefängnis und 1.000 Peitschenhieben verurteilt, weil er den «Islam beleidigte». Der Inhalt seiner Webseite, auf der über die Rolle von Politik und Religion im Leben Saudi-Arabiens gesprochen wird, brachte ihm eine schwere Bestrafung seitens derselben Regierung ein, die sich erst vor Kurzem durchgerungen hat, Frauen das Autofahren gesetzlich zu erlauben. Raifs kritische Worte wurden als «Terrorismus» interpretiert und führten zu einer «extrem harten» Reaktion der saudischen Regierung.[8]

Im Irak haben IS-Terroristen aus Kirchen Gefängnisse gemacht. Auf *ChristianPost.com* ist zu lesen: «Häftlinge wurden mit verbundenen Augen und Handschellen in der antiken chaldäischen Kirche der unbefleckten Empfängnis im Ostteil der Stadt eingesperrt. Auch das Mönchskloster St. George wurde angeblich als Strafanstalt für Frauen genutzt.»[9] Andere Kirchen wurden absichtlich zerstört, unter ihnen die chaldäische Schwestern des Heiligen Herzens in Mossul. Um Ihnen eine Vorstellung von dem Ausmass des Problems im Irak zu geben: Laut den Vereinten Nationen wurden allein im November 2014 mehr als 1.200 Iraker durch Terrorakte und Gewalt getötet.[10]

Wichtige Klarstellungen

Auch wenn wir all das, was heute passiert, beim Namen nennen, *wollen wir doch deutlich sagen, dass wir nicht behaupten, alle Muslime seien militant*. Aber aus israelischer Sicht sind alle Militanten Muslime. Der Staat Israel wird nicht von Christen, Hindus, Buddhisten oder Atheisten angegriffen. Jene, die eine wörtliche, historische Auslegung einiger islamischer Lehren vertreten, führen den Widerstand gegen Israel an.

Ebenso wichtig ist es, auf zwei ausschlaggebende Unterschiede hinzuweisen, die zwischen den Lehren des Islam und denen des biblischen Christentums bestehen. Erstens ist der Gott des Islam *nicht* derselbe wie der Gott der Bibel. Zweitens ist das heilige Buch des Islam (der Koran) *nicht* dasselbe wie das heilige Buch des Christentums (die Bibel).

Der Gott des Islam ist nicht derselbe wie der Gott der Bibel

Die moderne Gesellschaft und sogar religiöse Gelehrte tendieren mehr und mehr zu «glaubensübergreifenden Initiativen», die die Unterschiede zwischen verschiedenen Religionen verwischen. Und einige sagen sogar, dass Allah und der Gott der Bibel derselbe ist und nur zwei unterschiedliche Namen hat. Aber stimmt das wirklich?

Während *Allah* das arabische Wort für Gott ist, zeigt ein Blick in den Koran und die islamische Lehre, dass er sich deutlich vom Gott der Bibel unterscheidet. Hier einige Hauptunterschiede:

Allah	Gott
Allah ist einer	Ein Gott in drei Personen (Vater, Sohn, Heiliger Geist)
Jesus ist ein Prophet	Jesus ist der Herr und der auferstandene Erlöser
Der Koran ist göttlichen Ursprungs	Die Bibel ist Gottes inspirierte, unfehlbare Wahrheit
Allah hat keine Gefühle für die Menschen	Gott liebt jeden Menschen persönlich

Das heilige Buch des Islam ist nicht dasselbe wie das heilige Buch des Christentums

Schon ein flüchtiger Vergleich des Korans mit der Bibel zeigt, dass Islam und Christentum zwei verschiedene Glaubensrichtungen sind. Zu den wichtigsten Unterschieden gehören:

Koran	Bibel
Ein menschlicher Verfasser	Ca. 40 verschiedene Autoren
Widerspricht sich häufig (Muslime nennen das *Annullierung*)	Unterschiede zwischen den Verfassern, aber keine Widersprüche
Nur wenige frühe Kopien existieren	Tausende von frühen Kopien existieren
Keine persönliche Errettung	Errettung findet sich allein in Jesus Christus
Mit den fünf Säulen kann man sich Gunst verdienen	Gnade allein durch Jesus Christus
Ewiges Schicksal bleibt ungewiss, es sei denn, man stirbt als Märtyrer im Dschihad	Ewiges Schicksal ist sicher aufgrund des vollbrachten Werkes Christi

Gott liebt Muslime und möchte sie erretten. Aber die Lehren des Korans sind unvereinbar mit denen der Bibel. Der Koran wird herangezogen, um das Handeln von vielen Menschen zu rechtfertigen, die die Vernichtung des jüdischen Volkes und ihres Staates wollen.

Die Gewalt des radikalen Islam

Die Webseite *TheReligionofPeace.com* verzeichnet mehr als 24.000 tödliche Terrorakte durch militante Muslime seit dem 11. September 2001, bei denen Tausende von Menschen getötet wurden. Allein im November 2014, als dieses Buch geschrieben wurde, finden sich in den Statistiken folgende Angaben:

- 284 Angriffe von Dschihadisten
- in 23 Ländern
- 2515 Tote
- 2700 Schwerverletzte[11]

Und diese Zahlen stammen aus nur einem Monat. Mit der Zeit summieren sich diese Zahlen. Dieses ganze Blutvergiessen kann nicht einfach mit dem Werk von ein paar fanatischen Extremisten wegerklärt werden. Könnte man christliche Radikale nur eines winzigen Teils derartiger Grausamkeiten beschuldigen, würde die Weltpresse das gesamte Christentum an den Pranger stellen. Doch wenn es um das Handeln islamischer Extremisten geht, verhält sich die Presse merkwürdig ruhig.

Noch einmal, wir glauben nicht, dass alle Muslime auch Extremisten sind. Die meisten sind es nicht. Das Problem ist aber, dass es Zehntausende, wenn nicht sogar Hunderttausende gibt, die zur Anwendung von Gewalt neigen, um ihre religiösen Überzeugungen zu verbreiten.

Wo sind die Stimmen aus der islamischen Gemeinschaft auf der ganzen Welt, die nach Reformen, Zurückhaltung, moralischer Zurechnungsfähigkeit und menschlichem Anstand rufen? Und warum schweigt die globale Gemeinschaft im Grossen und Ganzen – inklusive der UN –, wenn Islamisten zur Vernichtung Israels aufrufen? Der Widerwille und die Weigerung, das Handeln islamistischer Terroristen zu verurteilen, gestattet es ihnen nur, ihren Plan weiter zu verfolgen.

3. DAS WUNDER DER Existenz ISRAELS

Von Beginn an kann die Tatsache der Existenz Israels nur als ein Wunder bezeichnet werden. Ein 99 Jahre alter Mann namens Abraham und seine 90-jährige Frau Sarah waren die Eltern von Isaak, dem Kind, das der Herr verheissen hatte, zu einem Volk zu machen. Abraham, der ursprünglich Abram hiess («erhabener Vater»), wurde von Gott berufen, die Stadt Ur zu verlassen und sich auf den Weg ins Land Kanaan zu machen, das Gott ihm und seinen Nachkommen nach ihm verheissen hatte (1Mo 12,1-3).

Nachdem er jedoch zehn Jahre in Kanaan gelebt hatte, war Abram noch immer kinderlos und machte sich Gedanken über einen Erben. Er beabsichtigte, seinen Hauptverwalter, den Aramäer Elieser von Damaskus, als seinen Erben zu adoptieren (1Mo 15,1-2). Aber Gott versicherte Abram, er würde einen leiblichen Sohn als Erben bekommen (1Mo 15,4). Abram glaubte Gottes Verheissung, was Gott ihm als Gerechtigkeit anrechnete (1Mo 15,6). Seine Glaubensreaktion war so bedeutsam, dass sie im Neuen Testament fünf Mal als das grösste Beispiel für den Glauben an Gott angeführt wird (Röm 4,3.9.22; Gal 3,6; Jak 2,23).

Am Ende des Tages machte Gott einen Bund mit Abram und gab ihm die Verheissung, ihm und seinen Nachkommen das Land

Kanaan zu geben (1Mo 15,18). Später bekräftigte er seinen Bund mit Abram und änderte seinen Namen in Abraham («Vater einer Menge»). Er betonte, dass das Land Kanaan seinen Nachkommen durch Isaak, den Sohn Sarahs, verheissen war (1Mo 17,1-21). Wenn wir den ganzen Bericht über den Patriarchen und seine Glaubensreise lesen, wird deutlich, dass Gott absichtlich wartete, bis Sarah im hohen Alter einen Sohn empfing. Sie hatte das natürliche gebärfähige Alter sogar überschritten, sodass das jüdische Volk seinen Anfang mit einer wundersamen Empfängnis nahm. 2000 Jahre später griff Gott durch ein noch grösseres Wunder in die Menschheitsgeschichte ein – die Jungfrauengeburt Jesu Christi, des menschgewordenen Sohnes Gottes (Mt 1,18-25).

Das Alte Testament konzentriert sich auf Gottes Bundesverheissungen an Israel, das Volk, das durch Isaak und Jakob von Abraham abstammte. Gleichzeitig enthalten die hebräischen Schriften zahlreiche Hinweise auf Gottes Liebe und Gnade für die Nationen (Nicht-Juden). So bekehrte sich beispielsweise Ruth, eine Moabiterin, zum Herrn und wurde schliesslich die Urgrossmutter Davids, Israels grösstem König (Rt 4,16-22). Joseph heiratete die Ägypterin Asnath, die die Mutter zweier Stämme Israels wurde – Ephraim und Manasse (1Mo 41,45-52). Während der Einweihung des jüdischen Tempels sagte Salomo, dass «ein Fremdling, der nicht zu deinem Volk Israel gehört», dort seine Gebete verrichten könnte (1Kö 8,41). Der Prophet Jesaja bezeichnete den Tempel als «ein Bethaus für alle Völker» (Jes 56,7) und prophezeite, dass den Nationen Gottes Licht und Herrlichkeit erstrahlen würden (Jes 62,1-2).

Die Geschichte Israels

Das Alte Testament beginnt mit den Geschichten der Patriarchen (Abraham, Isaak und Jakob), die die Verheissungen Gottes empfingen und ihnen glaubten. Als nächstes beschreibt es die Zeit des Auszugs aus Ägypten unter der Führung Moses. Anschliessend fährt die Schrift fort mit der Eroberung des verheissenen

Landes durch Josua und seine Besiedlung in den Tagen der Richter. Und schliesslich nimmt die Bibel uns mit in die Zeit des theokratischen Königreiches – ein buchstäbliches Reich Gottes auf Erden, verwaltet von menschlichen Herrschern unter der Autorität Gottes. Das Versagen dieser Herrscher führte aber letztlich 733 und 722 v.Chr. zur Invasion und zum Zusammenbruch des Nordreiches Israel durch die Assyrer und zum Fall des Südreiches Juda in drei Phasen durch Nebukadnezar und die Babylonier in der Zeit von 605 bis 586 v. Chr.

Ab diesem Zeitpunkt bis zum Ende der alttestamentlichen Aufzeichnungen lebte das jüdische Volk grösstenteils unter der Herrschaft der Babylonier (der antike Irak) und Perser (der antike Iran). In der Zeit der Perser verfügte Kyrus der Grosse, dass die Juden aus der babylonischen Gefangenschaft zurückkehren durften, um ihren Tempel in Jerusalem wieder aufzubauen. Und das Alte Testament endet damit, wie das jüdische Volk vom Wohlwollen der Perser profitierte.

In der Zeit zwischen dem Alten und dem Neuen Testament dominierten erst die Griechen und dann die Römer den Nahen Osten inklusive Israel, das in die Provinzen Israel, Samaria und Galiläa aufgeteilt war. Am Anfang des Neuen Testaments herrscht Rom über die Welt und hat seine eigenen Bevollmächtigten über das jüdische Volk ernannt. Jesus wurde auf Anordnung von Pontius Pilatus nach römischer Kreuzigungsart hingerichtet. Nachdem Christus aus den Toten auferstanden war, bekamen die Jünger den grossen Missionsbefehl (Mt 28,19-20) und wurden zu Pfingsten zur Gründung der Gemeinde befähigt (Apg 2). Der Rest des Neuen Testaments zeigt die Gemeinde als eine unterschiedliche und separate Einheit von der Nation Israel. Obwohl verschiedene jüdische Fragen blieben (z.B. hinsichtlich der jüdischen Speisevorschriften, ob Juden mit Heiden essen dürfen und bestimmten sozialen Verpflichtungen und religiösen Praktiken), entwickelte die neutestamentliche Gemeinde eine klare eigene Identität.

Gegen Ende der neutestamentlichen Ära gab es mehr Nicht-Juden als Juden in der jungen, aber schnell wachsenden Gemeinde. Schliesslich wurden Petrus und Paulus hingerichtet und Johannes wurde auf die Insel Patmos verbannt, wo er die Offenbarung empfing (gr. *Apokalypsis*) als das letzte Buch der inspirierten Schrift. Von dort breitete sich das Christentum weiter in Europa, Asien und Afrika aus. In der Zwischenzeit hatte der jüdische Nationalismus so sehr zugenommen, dass die Menschen gegen die römischen Besatzer rebellierten. Als Reaktion zog das römische Heer gegen Jerusalem herauf und zerstörte die Stadt 70 n.Chr...

Die nachbiblische Geschichte Israels

Die Zerstörung des Tempels (70 n.Chr.). So wie Jesus es vier Jahrzehnte zuvor prophezeit hatte, zerstörten die Römer den jüdischen Tempel. Den Ereignissen von 70 n.Chr. gingen jedoch andere Kämpfe voraus. Ein jüdischer Aufstand im Jahr 66 n.Chr. veranlasste die Römer zum Handeln. Der erste Versuch, die jüdische Rebellion niederzuschlagen, scheiterte, sodass Kaiser Nero den römischen General Vespasian sandte, der Galiläa, das Gebiet jenseits des Jordan und Idumäa, erfolgreich angriff und auf seinem Weg Tausende von Juden tötete.

Doch bevor Vespasian Jerusalem belagern konnte, starb Nero, und Vespasian kehrte nach Rom zurück, um den Thron für sich zu beanspruchen. Danach setzte er seinen Sohn Titus über das römische Heer, der die Stadt Jerusalem 70 n.Chr. belagerte. Nach mehreren Monaten fiel die Stadt schliesslich und die römischen Truppen zerstörten den Tempel. Quellen machen unterschiedliche Angaben über die Zahl der Toten unter dem jüdischen Volk, aber die Schätzungen reichen von 500.000 bis 1.000.000 Menschen.

Interessanterweise wurden einige der in Jerusalem lebenden jüdischen Christen vor dem Tod verschont, da sie von der bevorstehenden Zerstörung wussten, die Jesus in seiner Rede auf dem Ölberg prophezeit hatte.

> «Wenn ihr aber Jerusalem von Kriegsheeren belagert seht, dann erkennt, dass seine Verwüstung nahe ist. Dann fliehe auf die Berge, wer in Judäa ist; und wer in Jerusalem ist, der ziehe fort aus ihr; und wer auf dem Land ist, der gehe nicht hinein in sie» (Lk 21,20-21).

Der Bar Kochba-Aufstand (135 n.Chr.). Nach der Ankündigung des Kaisers Hadrian, einen heidnischen Tempel an der Stelle des zerstörten jüdischen Tempels zu errichten und die Ausübung der jüdischen Religion zu untersagen, erhob sich ein weiterer Aufstand in Jerusalem, angeführt von Simon bar Kochba. Während der Kämpfe wurden etwa 500.000 Menschen getötet und der Aufstand scheiterte, was die nahezu völlige Vertreibung der Juden aus ihrem alten Heimatland zur Folge hatte.

Die römische und byzantinische Zeit (135–638 n.Chr.). Auf Anweisung des römischen Kaisers Hadrian wurde eine neue Stadt namens Aelia Capitolina auf den Ruinen Jerusalems errichtet. Den Juden war es unter Todesstrafe verboten, einen Fuss in die neue Stadt zu setzen. Zudem wurde ein heidnischer Tempel gebaut und der Name der Provinz Juda wurde in Syrien-Palästina geändert. Darauf geht der spätere Name *Palästina* zurück. Im Jahr 312 bekehrte sich der römische Kaiser Konstantin zum Christentum, und in den folgenden Jahrzehnten wurde das Römische Reich christianisiert. In der byzantinischen Ära (324–638 n.Chr.) wurde das Christentum zur dominierenden Religion in Europa, dem Nahen Osten und Nordafrika. 330 wurde die Hauptstadt von Rom nach Byzanz verlegt, das in Konstantinopel umbenannt wurde.

Die muslimische Zeit (638–1090 n.Chr.). Während der muslimischen Eroberungen im 7. Jahrhundert geriet der Nahe Osten unter muslimische Herrschaft. Nicht lange nach Mohammeds Tod eroberten seine Nachfolger Palästina, und der Kontakt zum Westen brach praktisch ab. In dieser Zeit wurden auf dem Tempelberg die Omar-Moschee (der Felsendom) und die Al-Aksa-Moschee gebaut, wo sie heute seit fast 1.300 Jahren als Symbole für muslimische Herrschaft und Einfluss stehen. Bis heute hat der Streit über die Kontrolle des Tempelbergs Juden davon abgehalten, ihren Tempel an dieser heiligen Stätte wieder aufzubauen.

Die Zeit der Kreuzzüge (1099–1291 n.Chr.). In der Zeit der Kreuzzüge fielen europäische katholische Ritter in das Heilige Land ein, um es den Muslimen wieder wegzunehmen, die einige der alten christlichen Stätten entweiht hatten, einschliesslich dem Heiligen Grab. Sowohl Muslime als auch Juden wurden niedergemetzelt, als die übereifrigen Kreuzritter Jerusalem einnahmen und es zum Lateinischen Königreich Jerusalem unter der Schirmherrschaft der römisch-katholischen Kirche machten. Heute haben viele vergessen, dass die Stadt etwa 100 Jahre lang christianisiert war und andere Teile Palästinas nahezu 200 Jahre unter europäischer Kontrolle standen.

Die Zeit Saladins und der Mamelucken (1187–1517 n.Chr.). Der syrische Muslim Ali ibn Tahir al-Sulami liess den Gedanken an den Aufruf zum Dschihad (heiliger Krieg) wieder aufleben, um die Heilige Stadt von den Kreuzrittern zurückzuerobern. Als Reaktion darauf mobilisierte Saladin 30.000 Soldaten in Syrien, überquerte den Jordan und fügte dem Heer der Kreuzfahrer am 30. Juni 1187 in der Schlacht bei Hattin (Hörner von Hittim) in Galiläa eine überwältigende Niederlage zu. Nach zweiwöchiger Belagerung ergab sich Jerusalem am 2. Oktober Saladin. Im Anschluss arbeiteten die Muslime entschlossen an einer Re-Islamisierung Jerusalems. Das goldene Kreuz der Kreuzritter wurde von der Al-Aksa-Moschee ebenso entfernt wie der katholische Altar aus dem Felsendom.

In den folgenden Jahren gab es anhaltende Konflikte zwischen Muslimen und Kreuzrittern. Im Jahr 1219 ordnete Saladins Neffe al-Mu'azzam die Zerstörung der Mauern Jerusalems und die Entvölkerung der Stadt an, um sie von den Kreuzrittern zu befreien. Gegen 1260 kam die Stadt unter die Kontrolle der aus Zentralasien stammenden Mamelucken.

Die osmanisch-türkische Zeit (1517–1917 n.Chr.). 1517 traten die Türken an die Stelle der Mamelucken. Unter der Führung Süleiman II. des Prächtigen (1494–1566) wurde Jerusalem als türkisch-muslimische Stadt wieder aufgebaut. In dieser Zeit nahm der islamische Einfluss auf die Kultur Palästinas weiter zu. Der Wiederaufbau der Mauern Jerusalems wurde 1566 abgeschlossen. Diese Mauern stehen auch heute noch und umgeben die Altstadt. Trotz zahlreicher lokaler Auseinandersetzungen bot die türkische Phase einen allgemeinen Schutz vor ausländischen Invasoren und eröffnete im 19. Jahrhundert den Kontakt zum Westen. Im Ersten Weltkrieg änderte sich die Lage Israels jedoch dramatisch, als sich die Türken auf die Seite des deutschen Kaisers Wilhelm II. stellten. Deutschland verlor den Krieg, und die Türken mussten die Kontrolle über Palästina an die Briten abtreten, die von 1917 bis 1948 das Mandat über die Region hatten.

Die britische Phase. 1917 gab der britische Aussenminister Arthur Balfour die folgende, als Balfour-Deklaration bekannte Stellungnahme heraus, in dem Bemühen, die Unterstützung einflussreicher Juden im Krieg gegen Deutschland zu gewinnen:

> «Sehr geehrter Baron Rothschild:
> Es ist mir eine Freude, Ihnen im Auftrag der Regierung seiner Majestät folgende Sympathiebekundung mit dem Bestreben der jüdischen Zionisten übermitteln zu dürfen, die dem Kabinett vorgelegt und von ihm gebilligt wurde.
>
> ‹Die Regierung seiner Majestät befürwortet die Errichtung einer nationalen Heimstätte für das jüdische Volk in Palästina und wird ihre besten Bemühungen aufwenden, um dieses Ziel zu erreichen. Dabei versteht es sich von selbst, dass nichts unternommen werden sollte, was die zivilen und religiösen Rechte von existierenden nichtjüdischen Gemeinschaften in Palästina oder die Rechte und den politischen Status der Juden in irgendeinem anderen Land beeinträchtigen könnte.›

Ich wäre sehr dankbar, wenn sie die zionistische Bewegung von dieser Erklärung in Kenntnis setzen würden.

Mit freundlichen Grüssen
Arthur James Balfour»[1]

Die Briten wurden zunehmend ungeduldig bei dem Versuch, die ständig wachsenden Feindseligkeiten zwischen Arabern und Juden beizulegen, die unter ihrer Aufsicht standen. Dennoch war es die ordnende Anwesenheit des Vereinigten Königreichs in dieser unruhigen Region, die die Araber schliesslich davon abhielt, die Juden ins Meer zu treiben in einer Zeit, in der sie wehrlos und in der Unterzahl waren.

Aufgrund ständiger Unruhen in Palästina begann sich Grossbritannien 1939, von der Balfour-Deklaration zu distanzieren und stattdessen die Unabhängigkeit und die Kontrolle der Araber über das Gebiet zu befürworten. Doch die jüdische Immigration ging weiter und beschleunigte sich sogar noch durch die immense Verfolgung des jüdischen Volkes in Europa unter dem Nazi-Regime. Als die Briten 1947 ihre Kontrolle über die Region aufgaben, lebten ca. 670.000 Juden im Land, und sie waren jetzt besser in der Lage, sich zu verteidigen.

Die Neugründung des modernen Israel

Jahrhundertelang warteten Christen und Juden auf ein Wunder – die Neugründung der Nation Israel im Land ihrer Väter. Der Grund für diese Erwartung sind zahllose Prophezeiungen und Verheissungen Gottes in der ganzen Bibel, die deutlich zeigen, dass es in den letzten Tagen tatsächlich eine jüdische Heimat in Israel geben würde. Dieses Wunder geschah am 14. Mai 1948, als die Gründung des Staates Israel erklärt wurde.

Um die Bedeutung dieses wundersamen Ereignisses zu verstehen, muss man die Geschichte dieses Landes kennen. Als Brücke zwischen Asien im Norden, Iran im Osten, Afrika im Süden und dem Mittelmeer im Westen war Israel lange Zeit ein Schlachtfeld für die einmarschierenden Armeen der Welt gewesen.

Nebukadnezar aus Babylonien, der Perser Kyrus und Alexander der Grosse pflügten und erkämpften sich ihren Weg durch das Land, das Gott ursprünglich den Juden gegeben hatte. Schliesslich eroberten die Römer erfolgreich alles westlich des Euphrat von Europa bis Afrika und waren zur Zeit Christi an der Macht. Seitdem hat die Geschichte einen Konflikt nach dem anderen im Heiligen Land gesehen.

Nachdem es 19 Jahrhunderte aus Israel vertrieben war, ist das jüdische Volk nun wieder zurück in seinem Heimatland. Die biblischen Prophezeiungen über zukünftige Ereignisse setzen voraus, dass Israel in den letzten Tagen als Nation existiert. Doch 19 Jahrhunderte lang gab es die Nation Israel nicht. Ein paar Juden waren im Land geblieben, aber erst 1948 wurde Israel wieder eine Nation.

Im letzten Kapitel seines Buches macht der Prophet Jesaja eine der erstaunlichsten prophetischen Aussagen in der ganzen Bibel: «Wer hat je so etwas gehört? Wer hat etwas Derartiges gesehen? Wurde je ein Land an einem Tag zur Welt gebracht? Ist je ein Volk auf einmal geboren worden? Denn Zion hat Wehen bekommen und zugleich ihre Kinder geboren» (Jes 66,8).

Sowohl christliche als auch jüdische Gelehrte sehen in dieser Stelle eine Prophezeiung der unmittelbaren Wiedergeburt Israels in seinem Land, eine an einem Tag entstandene Nation. Das ist in der ganzen Geschichte noch nie vorgekommen. Nie kam eine Nation oder eine Volksgruppe, die aus ihrem Land vertrieben wurde, nach fast 2000 Jahren zurück, wobei ihre Sprache und ihr Erbe im Grossen und Ganzen intakt geblieben waren.

Allein die Tatsache, dass Israel heute existiert, beweist, dass die biblische Prophetie wahr ist und man ihr vertrauen kann. Es zeigt, dass Gott seine Verheissungen erfüllt und er die Macht besitzt, alles, was er über die Zukunft gesagt hat, auch eintreffen zu lassen. Die Rückkehr Israels ist ein Superzeichen der Endzeit. Es ist ein Ereignis, das uns zu dieser Reaktion veranlassen sollte: «Die Prophezeiung ist bereits erfüllt. Israel ist zurückgekehrt.»

Was aber wäre, wenn die Juden aufgrund ihres Unglaubens erneut aus dem Land vertrieben würden? Der Bibel zufolge wird dies nicht passieren. In der Bibel lesen wir, dass Gott das Volk Israel zurück ins Land bringen und es dort dauerhaft einpflanzen wird (Jes 11,11-12). Die erste Rückkehr ereignete sich am Ende der babylonischen Gefangenschaft, und als die Römer 70 n.Chr. Jerusalem zerstörten, wurde das jüdische Volk ein weiteres Mal zerstreut. Die zweite Rückkehr nahm ihren Anfang im späten 19. Jahrhundert und erreichte im 20. Jahrhundert ein immer grösseres Ausmass. Das allein sollte unsere Aufmerksamkeit erregen und uns verraten, dass wir der Zeit des Endes näher kommen.

Auch der Prophet Hesekiel sprach von dieser zukünftigen Wiedergeburt Israels. Seine Prophezeiungen sagen eindeutig, dass Israel wieder zum Leben erwacht, in sein Land zurückkehrt und schliesslich auch zum Herrn zurückfinden wird.

Rückkehr zum Leben

Im Buch Hesekiel lesen wir von einer Zeit, in der das Volk Israel wieder zum Leben erwacht. Lesen Sie, was Gott sagt:

> «Denn ich will euch aus den Heidenvölkern herausholen und aus allen Ländern sammeln und euch wieder in euer Land bringen. Und ich will reines Wasser über euch sprengen, und ihr werdet rein sein; von aller eurer Unreinheit und von allen euren Götzen will ich euch reinigen. Und ich will euch ein neues Herz geben und einen neuen Geist in euer Inneres legen; ich will das steinerne Herz aus eurem Fleisch wegnehmen und euch ein fleischernes Herz geben; ja, ich will meinen Geist in euer Inneres legen und werde bewirken, dass ihr in meinen Satzungen wandelt und meine Rechts-

bestimmungen befolgt und tut. Und ihr sollt in dem Land wohnen, das ich euren Vätern gegeben habe, und ihr sollt mein Volk sein, und ich will euer Gott sein» (Hes 36,24-28).

Diese Worte schrieb Hesekiel zu einer Zeit, als die Babylonier das Südreich verwüstet hatten und der Prophet in Gefangenschaft war. Dennoch sagt er, dass eine Zeit kommen würde, in der die scheinbar tote Nation unter Gottes Vorsehung und Fürsorge wieder lebendig wird. Gott hat sein Volk nicht aufgegeben. Er hat noch immer einen Plan und eine Absicht mit ihnen und ihrer Zukunft.

In Hesekiel 37 kommen wir dann zu der bekannten Prophezeiung über das Tal der verdorrten Gebeine: «Die Hand des Herrn kam über mich, und der Herrn führte mich im Geist hinaus und liess mich nieder mitten auf der Ebene, und diese war voller Totengebeine» (Hes 37,1). Die Knochen symbolisieren die Nation und das Volk Israel, das scheinbar tot und in aller Welt zerstreut ist. «Und er führte mich ringsherum an ihnen vorüber; und siehe, es waren sehr viele auf der Ebene; und siehe, sie waren sehr dürr» (V. 2). Mit anderen Worten, sie sind schon seit sehr langer Zeit dort. «Da sprach er zu mir: Menschensohn, können diese Gebeine wieder lebendig werden? Ich antwortete: O Herr, Herr, du weisst es!» (V. 3). Wie lautet die Antwort? «Da sprach er zu mir: Weissage über diese Gebeine und sprich zu ihnen: Ihr verdorrten Gebeine, hört das Wort des Herrn!» (V. 4).

Anschliessend sagt Hesekiel, als er zu den Gebeinen zu predigen begann, entstand ein klapperndes Geräusch und die Knochen rückten zusammen. Das alte Spiritual «Dry Bones» (Verdorrte Gebeine), das davon spricht, dass Knochen wieder zusammengefügt werden, geht auf diese Bibelstelle zurück, in der die Knochen der Skelette plötzlich anfangen, sich vor den Augen des Propheten zusammenzufinden. Als die Knochen zusammenkamen, sagt der Prophet, bildeten sich Fleisch und Sehnen an ihnen, aber noch war kein Atem in ihnen – kein geistliches Leben (V. 7-8). Dann lesen wir:

> «Da sprach er zu mir: Richte eine Weissagung an den Odem; weissage, Menschensohn, und sprich zum Odem: So spricht Gott, der Herr: Odem, komme von den vier Windrichtungen und hauche diese Getöteten an, dass sie lebendig werden! So weissagte ich, wie er mir befohlen hatte. Da kam der Odem in sie, und sie wurden lebendig und stellten sich auf ihre Füsse – ein sehr, sehr grosses Heer» (V. 9-10).

Während Hesekiel den verdorrten Gebeinen im Wüstental predigte, fügten sie sich zusammen und standen auf. Aber es war kein Leben in ihnen – nicht bis der Odem Gottes in sie hineinkam. Danach wurden sie nicht nur physisch lebendig, sondern auch geistlich. Anschliessend erklärte Gott Hesekiel, was diese Vision bedeutete: «Menschensohn, diese Gebeine sind das ganze Haus Israel.»

Somit sagt Hesekiel 37 eindeutig Israels zukünftiges Schicksal voraus. Es ist keine Prophezeiung über die Gemeinde. Und wir sehen den Anfang dieser Prophezeiung in der Rückkehr des Volkes Israel in sein Land und dem Sammeln der «Knochen.» Diese Nation ist physisch zum Leben erwacht, und es wird ein Tag kommen, an dem sie auch geistlich wieder lebendig wird. Das sagt uns Gottes Wort.

Rückkehr ins Land

Die entscheidende Frage hinsichtlich Israels Rückkehr ist: Bedeutet Gottes Verheissung dieser Rückkehr, dass auch seine Segnungen zurückkommen werden? Oder wird das Volk Israel weiterhin vor den Schwierigkeiten und Herausforderungen stehen, die es aus seiner langen Geschichte kennt? Mit anderen Worten, was wartet auf diese Nation und ihre Menschen?

Dass Israel in sein Land zurückkehren würde, ist eine der grossen Prophezeiungen des Alten Testaments. Doch jahrhundertelang sagten die Menschen: «O, sie werden nie zurückkehren. Sie sind auf der ganzen Welt verstreut.»

Das jüdische Volk selbst hatte Gottes klare Verheissung in Jesaja 11 jedoch verstanden. In diesem Kapitel blickte der Prophet die Flure der Geschichte entlang in die ferne Zukunft und sprach vom Tausendjährigen Reich. Er sagte den Messias als den Nachkommen Isais voraus, des Vaters, Davids. Der Prophet beschrieb auch den siebenfachen Geist des Herrn, der auf dem Messias ruht: «Und es wird ein Zweig hervorgehen aus dem Stumpf Isais und ein Schössling hervorbrechen aus seinen Wurzeln. Und auf ihm wird ruhen der Geist des Herrn, der Geist der Weisheit und des Verstandes, der Geist des Rats und der Kraft, der Geist der Erkenntnis und der Furcht des Herrn» (Jes 11,1-2).

Das ist die siebenfache Fülle des Geistes Gottes, die sieben Geister, von denen auch in Offenbarung 1,4 die Rede ist. In ihrer symbolhaften Sprache erwähnt die Offenbarung, dass die sieben Geister vor dem Thron Gottes waren. Gemeint sind nicht etwa sieben Heilige Geister. Es gibt nur einen Heiligen Geist. Aber Jesaja gibt eine siebenfache Beschreibung des Heiligen Geistes, indem er sagt, dass es der Geist des Herrn, der Weisheit und des Verstandes, des Rats und der Kraft und der Erkenntnis und der Furcht des Herrn ist. Das verrät uns, dass Gott etwas von grosser geistlicher Bedeutung tun würde. Der «Schössling», der «aus dem Stumpf Isais» hervorgeht, ist ein Hinweis auf den Messias. Er wird in der Zukunft aus der Wurzel Isais und Davids hervorbrechen. Der verheissene Erlöser, Jesus der Messias, sollte ein Nachkomme König Davids sein.

Jesaja 11,4 sagt über den Messias: «Er wird die Armen mit Gerechtigkeit richten und den Elenden im Land ein unparteiisches Urteil sprechen. Er wird die Erde mit dem Stab seines Mundes schlagen und den Gesetzlosen mit dem Hauch seiner Lippen töten.» Dasselbe Bild von Jesus Christus finden wir im Buch der Offenbarung: Dort wird ein Tag beschrieben, an dem er persönlich auf die Erde zurückkommen und anschliessend in Gerechtigkeit herrschen wird.

Während der Herrschaft des Messias werden Wolf, Lamm, Löwe und Kalb nebeneinander liegen – das Tausendjährige Reich wird eine Zeit des Friedens und Wohlstands sein (Jes 11,6-8). Anschliessend sagt Jesaja: «Und es wird geschehen an jenem Tag, da werden die Heidenvölker fragen nach dem Wurzelspross Isais, der als Banner für die Völker dasteht; und seine Ruhestätte wird Herrlichkeit sein» (Jes 11,10). «Die Völker» ist ein Hinweis auf die Juden und «Heidenvölker» meint die Nationen. Mit anderen Worten, der Erlöser kommt sowohl für Juden als auch für Nichtjuden. Er ist das Banner der Liebe Gottes für beide. Er ist derjenige, der beide Gruppen zum Glauben an Gott ruft.

Dann kommen wir zum nächsten Schlüsselvers: «Und es wird geschehen an jenem Tag, da wird der Herr zum zweiten Mal seine Hand ausstrecken, um den Überrest seines Volkes, der übrig geblieben ist, loszukaufen» (Jes 11,11). Aus welchen Gebieten wird Gott sein Volk zurückholen? Dem Rest von Vers 11 zufolge werden sie kommen aus Assyrien, Ägypten, Patros, Kusch, Elam, Sinear und anderen Orten – d.h. aus dem heutigen Afrika, Irak, Iran und weiteren Regionen.

Wie wir bereits festgestellt haben, dauert diese Rückkehr schon einige Zeit an und geht auch heute noch weiter. Die Rückkehrer gehören zur *aliya* (der hebräische Begriff für «Rückkehr»), der Sammlung im verheissenen Land. Viele von ihnen sehen sich als einen Teil der Erfüllung von Jesajas Prophezeiung.

An jüdische Leser dieses Buches möchten wir ein Wort aus unserem Herzen an das Ihre richten. Gott hat Sie berufen, sein einzigartiges Volk zu sein. Er hat Sie im Laufe der Jahrhunderte durch grosse Schwierigkeiten hindurch als Nation gesegnet und aufrechterhalten. Aber er ruft Sie auch zum Glauben an seine Person auf. Es reicht nicht zu sagen: «Wir bauen unsere Nation wieder auf durch unser eigenes politisches Können, unsere militärische Stärke und unsere intellektuellen Fähigkeiten.» Auch wenn Gott diese Dinge letztlich gebrauchen mag, ist das nicht alles. Nur wenn der Herr das Haus baut, hat es Bestand. Wenn nicht, wird es zusammenfallen.

Die Menschen fragen häufig: «Glauben Sie, dass Israel noch einmal Zerstörung und Gericht ertragen könnte und ein weiteres Mal zerstreut wird?» Menschlich gesehen, ist alles möglich. Aber in geistlicher Hinsicht glauben wir: Die Bibel macht unmissverständlich klar, dass das jüdische Volk nicht noch einmal zerstreut wird, nachdem es zum zweiten Mal gesammelt wurde. Israel wird in seinem Land bleiben.

Es gibt biblische Prophezeiungen über den Nahen Osten und darüber, dass Israel in die Wüste gejagt wird. Der Schrift zufolge wird das jüdische Volk in der Zukunft noch vor viel grösseren Schwierigkeiten stehen. Aber der abrahamitische Bund ist eine Verheissung, an die keine Bedingungen geknüpft sind. Gott erfüllt diese Verheissung jetzt, und er wird sie nie rückgängig machen.

Und das ist noch nicht alles. Die biblische Prophetie sagt uns, dass das jüdische Volk nicht nur in sein Land zurückkehren und wieder zum Leben erwachen wird, es wird auch zum Herrn zurückfinden.

Rückkehr zum Herrn

Die Prophezeiungen über die Wiedergeburt der Nation Israel konzentrieren sich auf drei Aspekte: die Rückkehr des Volkes in sein Land, die Rückkehr zum Leben und die Rückkehr zum Herrn. Für Juden mag das seltsam klingen. Sie würden sagen: «Wir haben schon immer an Gott Jahwe geglaubt, den Gott Israels, den Gott Abrahams und Isaaks und Jakobs.» Intellektuell und theologisch stimmt das zwar, aber die entscheidende Frage ist: Glauben Sie wirklich in persönlicher und geistlicher Hinsicht an ihn? Ist er ganz persönlich der Herr und Gott und Erlöser Ihres Lebens?

Wenn wir das Alte Testament, die hebräischen Schriften, lesen, stellen wir fest, dass es Zeiten gab, in denen das Volk Israel den Herrn, seinen Gott, liebte und ihm folgte, und zu anderen Zeiten taten sie es nicht. Wenn sie sich von Gott abwandten, kamen sie unter sein Gericht.

Eine andere wichtige Bibelstelle über die Rückkehr Israels in sein Land findet sich in Hesekiel 20. Lesen Sie, was Gott durch den Propheten Hesekiel über die ferne Zukunft sagt: «Ich will euch aus den Völkern herausführen und euch aus den Ländern sammeln, in die ihr zerstreut worden seid, mit starker Hand, mit ausgestrecktem Arm und mit ausgeschüttetem Grimm» (V. 34). Gott sagt im Grunde: «Ich werde es mit Macht und sehr dramatisch tun.» Dann fügt er hinzu: «Und ich will euch in die Wüste der Völker führen und dort mit euch ins Gericht gehen von Angesicht zu Angesicht» (V. 35).

Warum wird Gott mit seinem eigenen Volk von Angesicht zu Angesicht ins Gericht gehen? Weil ihm etwas an ihren Herzen, ihrer Einstellung und ihrer Beziehung zu ihm liegt. Er sagt weiter: «Und ich will die Widerspenstigen und die von mir Abgefallenen von euch absondern; ich will sie aus dem Land ihrer Fremdlingschaft herausführen, aber in das Land Israel soll keiner von ihnen kommen; und ihr sollt erkennen, dass ich der Herr bin» (V. 38). Zusammenfassend können wir sagen, dass Hesekiel eine Zeit voraussah, in der Gott das Volk Israel geistlich bekehren und ihr Herz, ihre Seele und ihr Leben verändern würde. Und wenn das passiert, wird er auch die Widerspenstigen unter ihnen absondern. Vers 42 berichtet von dem Ergebnis: «Und ihr sollt erkennen, dass ich der Herr bin, wenn ich euch in das Land Israel führe, in das Land, von dem ich geschworen hatte, dass ich es euren Vätern geben werde.»

Es wird ein Tag der Gnade Gottes kommen. In den Versen 43-44 verheisst er seinem Volk:

> «Dort werdet ihr an eure Wege gedenken und an alle eure Taten, mit denen ihr euch verunreinigt habt; und ihr werdet Abscheu über euch selbst empfinden wegen aller eurer bösen Taten, die ihr begangen habt. Und ihr werdet erkennen, dass ich der Herr bin, wenn ich mit euch handeln werde um meines Namens willen und nicht nach eurem bösen Wandel und euren ruchlosen Taten, Haus Israel!»

Wer auf die Gnade Gottes anspricht, zu dem sagt er: «Ich werde dein Herr sein. Ich werde dein Gott sein. Ich werde dich retten. Ich werde dich reinigen. Ich werde dich verändern. Ich werde dich nicht entsprechend deines Versagens in der Vergangenheit behandeln. Ich werde dir ein neues Herz und einen neuen Geist geben und einen neuen Bund mit dir schliessen.»

Jesus, der selbst ein Jude war, wagte beim letzten Abendmahl zu sagen: «Der Kelch, den ich trinke, repräsentiert das Blut des neuen Bundes. So wie im Alten Testament das Blut von Tieren für eure Sünden vergossen wurde, wird mein Blut jetzt für euch vergossen.» Wäre Jesus, menschlich gesprochen, nicht mehr als ein Jude gewesen, hätte er nicht Sühnung für seine eigenen Sünden tun können, geschweige denn für die Sünden anderer. Aber er war wirklich der Sohn Gottes, der Mensch gewordene Gott. Er war die Erfüllung der alttestamentlichen Prophezeiungen, die sagten: «Eines Tages wird euer Gott zu euch kommen.» Diese Aussage stammt direkt aus Jesaja 40. Wie sonst könnte Gott buchstäblich zu uns kommen, wenn nicht in menschlicher Gestalt? Jesus war Gott in Sandalen, Gott zu Fuss. Er wandelte unter uns, und jetzt lebt er über uns und weist uns den Weg des Heils.

Das Alte Testament macht wiederholt die Tatsache deutlich, dass der kommende Messias sterben sollte. Er würde getötet und abgeschnitten werden. Das ist die Botschaft von Jesaja 53 und Daniel 9. Wenn der Messias abgeschnitten und getötet werden sollte, wie konnte er dann herrschen, es sei denn er wäre auferweckt worden? Und wie konnte er auferweckt werden, wenn er nicht der Sohn Gottes war?

Es ist mehr als ein Mensch, der Israel in der Zukunft Grösse geben wird. Ja, es ist der Sohn Gottes selbst. Aus diesem Grund ist Jesus gekommen. Er kam, um Erlöser zu sein, das Banner für Juden und Nichtjuden gleichermassen, um uns alle zum Glauben an den Gott der Bibel aufzurufen, den Gott Jahwe, den Schöpfergott, der uns in seinem Bild gemacht hat, damit wir eine Beziehung zu ihm haben können.

4. GOTTES Absicht MIT ISRAEL

Drei Tage bevor Jesus in Jerusalem gekreuzigt wurde, weinte er über die Stadt und die Menschen, die ihn abgelehnt hatten. Wir lesen seine Klage in Matthäus 23,37-39:

> «Jerusalem, Jerusalem, die du die Propheten tötest und steinigst, die zu dir gesandt sind! Wie oft habe ich deine Kinder sammeln wollen, wie eine Henne ihre Küken unter die Flügel sammelt, aber ihr habt nicht gewollt! Siehe, euer Haus wird euch verwüstet gelassen werden; denn ich sage euch: Ihr werdet mich von jetzt an nicht mehr sehen, bis ihr sprechen werdet: ‹Gepriesen sei der, welcher kommt im Namen des Herrn!›»

Dass die Jünger nur teilweise verstanden, was geschehen würde, machen ihre Worte deutlich, nachdem Jesus sie auf den Ölberg geführt hatte. Von dort aus sollten sie einen klaren Blick über das Kidrontal auf den Tempel haben, den Herodes neu aufgebaut hatte. Diese ungebildeten Fischer und andere aus dem fernen ländlichen Gebiet von Galiläa waren offensichtlich ziemlich beeindruckt von den «Gebäuden des Tempels», auf die sie Jesus aufmerksam machten (Mt 24,1). Der Tempel selbst war höchst wahrscheinlich das imposanteste und grösste Gebäude, das sie je gesehen hatten. Vielleicht nahmen sie an, er würde auch Jesus beeindrucken. Sie hatten noch immer nicht völlig verstanden, dass er der Schöpfer aller Dinge war!

Es ist schwer zu verstehen, warum die Jünger nach wie vor nicht richtig begriffen, wer er war, und das, nachdem sie drei Jahre lang miterlebt hatten, wie er lehrte, zahlreiche Wunder tat und sogar Lazarus aus den Toten auferweckte. Er war der Sohn Gottes, der die ganze Welt und alles in ihr erschaffen hatte. Paulus, ein im Alten Testament gut ausgebildeter Theologe, schrieb über Jesus:

> «Dieser ist das Ebenbild des unsichtbaren Gottes, der Erstgeborene, der über aller Schöpfung ist. Denn in ihm ist alles erschaffen worden, was im Himmel und was auf Erden ist, das Sichtbare und das Unsichtbare, seien es Throne oder Herrschaften oder Fürstentümer oder Gewalten: Alles ist durch ihn und für ihn geschaffen; und er ist vor allem, und alles hat seinen Bestand in ihm. Und er ist das Haupt des Leibes, der Gemeinde, er, der der Anfang ist, der Erstgeborene aus den Toten, damit er in allem der Erste sei.
> Denn es gefiel Gott, in ihm alle Fülle wohnen zu lassen und durch ihn alles mit sich selbst zu versöhnen, indem er Frieden machte durch das Blut seines Kreuzes – durch ihn, sowohl was auf Erden als auch was im Himmel ist» (Kol 1,15-20).

Wenige Tage nachdem Jesus nach Jerusalem hineingeritten war auf einem Esel zu den Rufen: «Hosianna ... Gepriesen sei der, welcher kommt im Namen des Herrn!» (Mt 21,9), weinte er über die heilige Stadt Gottes. Die jüdischen Führer (in erster Linie die Sadduzäer und Pharisäer) ersuchten die römische Regierung, ihn zu kreuzigen. Diese religiösen Verantwortlichen lehnten die Worte, die Wunder und den himmlischen Vater ihres seit langem verheissenen Messias ab und wollten ihn töten.

Da das jüdische Volk unter römischer Herrschaft stand, war es den religiösen jüdischen Führern nicht erlaubt, die Todesstrafe selbst auszuführen. Stattdessen mussten sie sich an die entsprechenden römischen Regierungsbeamten wenden. Ausserdem war Jesus nach Jerusalem gekommen, um das jährliche Passahfest zu feiern. Die Stadt war überfüllt mit Israeliten, die Tieropfer für ihre Sünden darbringen wollten. Schon bald sollte sich Jesus selbst als das höchste Opfer darbringen – und sein Blut für die Sünden der Welt vergiessen. Wie wir später noch sehen werden, sollte die jüdische Nation teuer bezahlen für ihre Sünde, dass sie den Messias abgelehnt hatte. 70 n.Chr. belagerten und bezwangen die Römer Jerusalem und zerstörten den Tempel. So erfüllten sie die Prophezeiung Jesu: «Hier wird kein Stein auf dem anderen bleiben, der nicht abgebrochen wird!» (Mt 24,2).

Die Prophezeiungen Jesu in Matthäus 24

Dass Jesus so emotional reagierte, als ihn sein eigenes Volk zunehmend als den einzigen Erlöser ablehnte, zeigt, wie wichtig die Rede auf dem Ölberg ist. Im ganzen Land waren die Führer des Volkes darauf fixiert, dass der zukünftige Messias als der Sohn Davids kommen würde. Sie nahmen an, dass dieser Führer die tyrannische römische Regierung stürzen und das Reich Gottes auf Erden aufrichten würde. Sie waren nicht an einem Messias oder «Christus» interessiert, der als Opfer für ihre Sünden sterben sollte. Sie suchten nicht nach Vergebung und ewigem Leben in einem noch zukünftigen Reich. Sie wollten politische, soziale, kulturelle und religiöse Befreiung von den römischen Unterdrückern.

Zum Glück kam Jesus, um wahre und dauerhafte Erlösung zu bringen (Joh 3,16). Wie Jesaja 9,5 prophezeit, wird ein Tag kommen, an dem die Herrschaft auf seinen Schultern ruhen wird, und er wird der König der Könige und Herr der Herren sein (Offb 19,16). Das wird nach seiner Erscheinung in Herrlichkeit der Fall sein, wie der Apostel Johannes im Buch der Offenbarung deutlich macht, das er ca. 95

n.Chr. als Gefangener auf der Insel Patmos geschrieben hat. Nachdem Johannes in Offenbarung 19,10 sagte, dass «das Zeugnis Jesu der Geist der Weissagung ist», schliesst sich eine detaillierte Beschreibung dieses Ereignisses an. Es ist eines der eindrucksvollsten Ereignisse in der ganzen Bibel – die Erscheinung Jesu Christi in Herrlichkeit, die der Aufrichtung des Tausendjährigen Reiches vorangehen wird.

In Bezug auf Jesus spricht die Bibel von zwei unterschiedlichen Kommen. Das erste Mal, als er auf die Erde kam, wurde er von einer Jungfrau geboren, sodass das Blut in seinen Adern das reine Blut Gottes war, unberührt von Adams Natur und Sünde. Deshalb konnte er als vollkommenes Opfer für die Sünden der ganzen Welt dienen. Wie das Alte Testament sagt, verlangte Gott ein makelloses und unbeflecktes Opferlamm. Beim zweiten Mal wird Jesus kommen, um das Tausendjährige Reich aufzurichten, von dem Daniel und andere hebräische Propheten gesprochen haben.

Wir glauben, Jesu Rede auf dem Ölberg ist die grösste endzeitliche Prophezeiung in der gesamten Bibel. Es ist kein Zufall, dass sie in allen drei synoptischen Evangelien enthalten ist (Mt 24–25, Mk 13,3-37, Lk 21,5-24). Diese Wiederholung macht die grosse Bedeutung der Rede deutlich. Ausserdem ist sie von Jesus, dem grössten Menschen, der jemals lebte – Gott in menschlicher Gestalt. So verwundert es nicht, dass sie mehr detaillierte Informationen enthält über die Zeit von seiner Auferstehung bis zu seinem Gericht über die ganze Menschheit bei seinem zweiten Kommen. An diesem Punkt hört er auf und überlässt weitere Einzelheiten über das Tausendjährige Reich und die Ewigkeit einer 60 Jahre späteren Offenbarung an den Jünger, «den Jesus lieb hatte» (Joh 20,2) – den Apostel Johannes. Diese Details finden wir im letzten Band der grossen Bibliothek Gottes, dem Buch der Offenbarung.

Die Prophezeiungen Jesu über den Tempel

Nachdem ihn die Jünger auf die Erhabenheit des Tempels aufmerksam gemacht hatten, sagte Jesus voraus, dass er völlig zerstört werden würde, und seine Prophezeiung erfüllte sich nur 40 Jahre später. Während die Jünger mit Jesus auf dem Ölberg sassen, sagte er zu ihnen: «Seht ihr nicht dies alles? Wahrlich, ich sage euch: Hier wird kein Stein auf dem anderen bleiben, der nicht abgebrochen wird!» (Mt 24,2). Daraufhin stellten ihm die Jünger drei Fragen: Wann wird das geschehen? Was wird das Zeichen deines Kommens sein? Und was das Zeichen des Endes des Zeitalters? (V. 3).

Als der römische General Titus mit seinen Armeen in Jerusalem einmarschierte, gab er seinen Soldaten anfangs den Befehl, nicht den Tempel zu zerstören. Als sich die Feuer jedoch in der ganzen Stadt ausbreiteten und den Tempelberg erreichten, wurde die Hitze so gross, dass der Goldüberzug an den Tempelmauern schmolz und in die Risse zwischen den Steinen des Tempels drang. Die römischen Soldaten, die die Stadt plünderten, hatten es auf dieses Gold abgesehen, sodass sie die Steine wegbrachen – so erfüllte sich die Prophezeiung Jesu, dass nicht ein Stein auf dem anderen bleiben würde.

Diese präzise prophetische Erfüllung garantiert uns, dass jede Prophezeiung des Herrn ebenso sicher eintreffen wird. Alles, was Jesus uns über die Zukunft gesagt hat, wird mit derselben Genauigkeit erfüllt. Ausserdem stimmen alle seine Prophezeiungen perfekt mit denen überein, die andere Propheten und Verfasser im Alten und Neuen Testament verkündet haben, einschliesslich Jesaja, Hesekiel, Daniel, Petrus und Johannes.

Ein paar Verse danach äusserte Jesus drei weitere Prophezeiungen, die sich alle erfüllt haben und noch dabei sind, sich zu erfüllen: «Dann wird man euch der Drangsal preisgeben und euch töten; und ihr werdet gehasst sein von allen Heidenvölkern um meines Namens willen» (Mt 24,9). Von der Auferstehung Jesu bis zum heutigen Tag wurden die Nachfolger Jesu gehasst, verfolgt und verraten. Und wir können davon ausgehen, dass das so weitergehen wird.

Ausserdem werden falsche Propheten kommen und viele Menschen verführen. Zahllose Sekten und falsche Religionen geben sich als christliche Bewegungen aus. Allerdings akzeptieren sie den Erlöser nicht als Gottes eingeborenen Sohn. Und somit haben sie nicht Teil an dem Glauben, «der den Heiligen ein für alle Mal überliefert worden ist» (Jud 1,3). Aufgrund dieser falschen Lehrer «wird die Liebe in vielen erkalten», wie Jesus voraussagte (Mt 24,12).

Aber Gott lässt seine Kinder nie ohne Hoffnung. In Vers 13 sagte Jesus: «Wer aber ausharrt bis ans Ende, der wird gerettet werden.» Das hier mit «gerettet» übersetzte Wort sollte entsprechend dem griechischen Originaltext eher mit «errettet» statt mit «gerettet» wiedergegeben werden. Das bedeutet, dass die Menschen nach der Entrückung, die Christus in der Drangsalszeit als ihren Erlöser annehmen und sich dem Zeichen des Antichristen verweigern (Offb 13,16-17), errettet werden, wenn sie treu bleiben oder bis zum Ende durchhalten. Diese überlebenden Heiligen aus der Drangsalszeit werden mit ihrem irdischen Körper in das Tausendjährige Reich eingehen, heiraten und Kinder zur Welt bringen, die dann Teil der grössten Bevölkerungsexplosion in der Weltgeschichte werden.

Die Prophezeiungen unseres Herrn in Matthäus 24–25

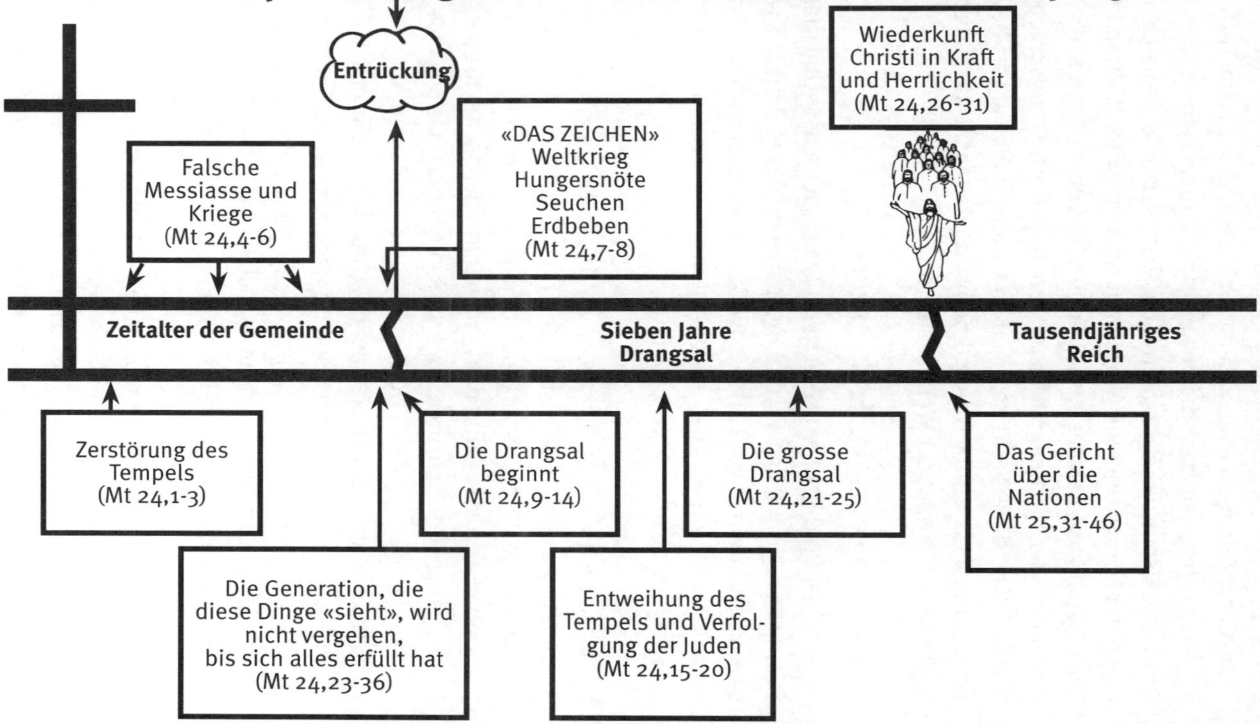

In dieser Zeit werden die vielen Prophezeiungen an Israel erfüllt, die davon sprechen, dass die Bevölkerung grösser sein wird als der Sand des Meeres oder die Sterne des Himmels und Jesus als der König der Könige über die ganze Welt regieren wird. Während des Tausendjährigen Reiches Jesu könnte die Zahl der gottesfürchtigen Juden der gesamten heidnischen Bevölkerung entsprechen. Warum? Weil diese Verheissungen an Israel auf eine grosse Bevölkerung noch nie erfüllt wurden! Selbst heute macht das jüdische Volk nur 0,2 Prozent der Weltbevölkerung aus.

Das Zeichen, das das Ende anzeigt

In seiner Predigt über die letzten Tage sagte Jesus: «Und dieses Evangelium vom Reich wird in der ganzen Welt verkündigt werden, zum Zeugnis für alle Heidenvölker, und dann wird das Ende kommen» (Mt 24,14). Dieses «Evangelium» beschreibt Paulus in 1. Korinther 15,3-8:

> «Denn ich habe euch zuallererst das überliefert, was ich auch empfangen habe, nämlich dass Christus für unsere Sünden gestorben ist, nach den Schriften, und dass er begraben worden ist und dass er auferstanden ist am dritten Tag, nach den Schriften, und dass er dem Kephas erschienen ist, danach den Zwölfen. Danach ist er mehr als 500 Brüdern auf einmal erschienen, von denen die meisten noch leben, etliche aber auch entschlafen sind. Danach erschien er dem Jakobus, hierauf sämtlichen Aposteln. Zuletzt aber von allen erschien er auch mir, der ich gleichsam eine unzeitige Geburt bin.»

Es gibt nur ein Evangelium – es hat sich nie verändert und wird es auch nie. Jeder, der diese Botschaft verändert, ist ein falscher Prophet oder Irrlehrer. Das Evangelium wird auch «die gute Nachricht» genannt, da nur sie die Errettung von der Sünde anbietet, die wir so dringend brauchen. Ohne das Evangelium können Menschen nicht errettet werden (Apg 4,12). Wir haben den Auftrag, jedem Menschen das Evangelium zu predigen als Zeugnis für alle Völker, «und dann wird das Ende kommen.»

Natürlich haben wir «das Ende» noch nicht erreicht, aber wir sind ihm schon sehr nahe, und es könnte noch zu unseren Lebzeiten soweit sein! Ein wichtiger Anhaltspunkt ist die bisherige weltweite Verbreitung des Evangeliums. Zu den unvergesslichsten Glaubensmännern, die mir (Tim) jemals begegnet sind, zählt Dr. Cameron Townsend, der Gründer von Wycliffe Bible Translators. Ich war ein junger Pastor und in den frühen 1950ern gerade vom College gekommen, als er meine Gemeinde am Stadtrand von Minneapolis, Minnesota, anlässlich einer Missionskonferenz besuchte. Er sprach darüber, wie er Anfang der 1930er-Jahre zwei junge missionarische Bibelübersetzer in einer Scheune in Oklahoma ausbildete. Die Auszubildenden sassen auf kleinen Fässern, während er sie unterrichtete. Seine damalige Vision lautete: «Vor uns liegen nur noch 2000 Sprachen!» Viele Jahre später, irgendwann in den 25 Jahren, in denen ich in San Diego, Kalifornien, als Pastor diente, überraschte mich meine Sekretärin mit der Nachricht: «Dr. Townsend von den Wycliffe Bibelübersetzern war hier und wollte dich sehen.» Damals Mitte der 70er-Jahre war er eine Legende des Glaubens, weil er Tausende von jungen Männern und Frauen in seine Technik der Bibelübersetzung in die Sprachen der Völker eingewiesen hatte. Wenn ein Volk keine Schriftsprache hatte, brachte er den Missionaren bei, eine zu erfinden.

Typisch für seinen grossen Glauben wollte er helfen, die 25.000 Dollar aufzutreiben, die ein zweimotoriges Flugzeug kostete. Ein Pilot in unserer Gemeinde war in seinem nationalen Ausschuss und fand ein Flugzeug, das man für sicher genug hielt, um Missionare und Vorräte in den dichten Dschungel von Mittel- und Südamerika zu bringen. Unsere Gemeinde befand sich zu jener Zeit mitten in einem Bauprojekt, und ich war gerade von einem Treffen eines nationalen Ausschusses mit Jugend für Christus zurückgekehrt. Damals sah ich unsere Möglichkeiten, ihm zu helfen, recht negativ.

Dr. Townsend hörte mich nicht einmal an! Wir beteten zusammen, er bedankte sich für «[meine] Ermutigung», an die ich mich nicht mehr erinnern kann, und zwei Wochen später lud er mich ein, bei der öffentlichen Einweihung seines völlig schuldenfrei erworbenen Flugzeugs in Balboa City Park zu beten. Als er mich vorstellte, konnte ich nicht glauben, dass er mir für meine «Ermutigung» dankte. Zu meinem Beschämen musste ich Gott anschliessend um Vergebung für meinen Unglauben und für einen so «grossen Glauben wie Onkel Cam» bitten.

Heute gibt es nach wie vor eine Reihe von Stämmen und Völkern, die noch keine Bibel in ihrer Sprache haben. Allerdings besitzen nun viele Millionen Menschen aus ehemals unerreichten Stämmen eine Bibel in ihrer Muttersprache. Durch Gottes Wort wurden viele dem Erlöser Jesus Christus vorgestellt.

Wir haben noch nicht alle Völker erreicht, aber dank vieler Männer und Frauen mit Glauben und Engagement breitet sich das Evangelium weiter aus. Wir kommen dem Ziel, das Evangelium in jeder Sprache verkünden zu können, immer näher. Wir täten gut daran, die Worte Jesu an seine Jünger zu beherzigen: «So wacht nun, da ihr nicht wisst, in welcher Stunde euer Herr kommt! ... Darum seid auch ihr bereit! Denn der Sohn des Menschen kommt zu einer Stunde, da ihr es nicht meint. ... Darum wacht! Denn ihr wisst weder den Tag noch die Stunde, in welcher der Sohn des Menschen kommen wird» (Mt 24,42.44; 25,13).

In seiner Botschaft über die letzten Tage sagte Jesus, wie schwer diese Zeit wird. Er warnte vor Verführung, Kriegen, Hungersnöten, Erdbeben und Seuchen, die an Intensität zunehmen würden (Mt 24,4-8). Dann in Vers 14 sagte er, dass das Evangelium allen Völkern verkündet werden würde. Die Verbreitung der guten Nachricht als Zeugnis der Liebe und Gnade Gottes an alle Völker durch Radio, Fernsehen und digitale Technologie wird ganz deutlich machen, dass «das Ende [schon sehr bald] kommen wird.» Das «Ende» meint hier die Entrückung aller Gläubigen in das Haus des Vaters (Joh 14,1-3) und den Beginn der siebenjährigen Drangsalszeit.

Interessanterweise zeigt sowohl der Bericht von Markus als auch der von Lukas über diese Rede, wie sehr Jesus die Heiligen am Herzen lagen, die in Jerusalem sein würden, wenn der Tempel 70 n. Chr. entweiht und letztlich zerstört würde. Dieses von der römischen Regierung ausgeführte Gericht Gottes kam über Israel, weil es den Messias ablehnte.

Studiert man diesen Teil der Rede Jesu zum ersten Mal, kann man nur schwer verstehen, wie die Bürger Jerusalems den römischen Armeen entkommen konnten, die die Stadt vollständig umlagert hatten. In Matthäus 24,15-19 sagte Jesus:

> «Wenn ihr nun den Gräuel der Verwüstung, von dem durch den Propheten Daniel geredet wurde, an heiliger Stätte stehen seht (wer es liest, der achte darauf!), dann fliehe auf die Berge, wer in Judäa ist; wer auf dem Dach ist, der steige nicht hinab, um etwas aus seinem Haus zu holen, und wer auf dem Feld ist, der kehre nicht zurück, um seine Kleider zu holen. Wehe aber den Schwangeren und den Stillenden in jenen Tagen!»

Als die römische Armee die Stadt umlagerte und der Untergang der Stadt offensichtlich war, wurde General Vespasian Historikern zufolge dringend nach Rom zurückgerufen, um der neue Kaiser zu werden, da der alte gestorben war. So ordnete Vespasian den Rückzug seiner Truppen an, während er gleichzeitig die Belagerung Jerusalems fortsetzte. Er beauftragte seinen Sohn Titus mit der Einnahme und Zerstörung der Stadt.

In dieser kurzen Zeitspanne, als sich die römische Armee zurückzog, konnten die Menschen, die die Warnung Jesu wörtlich nahmen, fliehen und sich in Sicherheit bringen. Wer den Rückzug irrtümlich für dauerhaft hielt, wurde später beim Fall Jerusalems getötet. Wer Jesu Prophezeiung beim Wort nahm, wurde gerettet, die anderen waren verloren.

Die drei grossen Fragen der Jünger

Noch immer verwirrt über die geschichtliche Bedeutung Jesu, konnten es die Jünger kaum erwarten, ihm Fragen zu stellen. Offenbar hielten auch sie an der allgemein vorherrschenden Ansicht fest, dass der kommende Messias das grausame Joch der römischen Unterdrücker abschütteln und das Reich Gottes aufrichten würde. Doch stattdessen sprach Jesus über seinen nahe bevorstehenden Tod.

Vergessen Sie nicht, dass sie in den drei Jahren des Dienstes mit Jesus gesehen hatten, wie er die unglaublichsten Wunder wirkte, die je ein Mensch getan hatte, inklusive dreier Auferweckungen aus den Toten. Wenn er der Messias war, so nahmen sie an, würde sein Reich sicher bald kommen. Von den alttestamentlichen Propheten wussten sie, dass der Messias in Macht kommen und das Reich Gottes auf Erden aufrichten würde. Hier war er nun und sagte stattdessen seinen baldigen Tod voraus. Wie viele andere hatten die Jünger den 109 alttestamentlichen Prophezeiungen über das erste Kommen Jesu, die sagen, dass er die Menschen von ihrer Sünde erretten würde, kaum Beachtung geschenkt.

Die Jünger waren so sehr auf die Aufrichtung des Reiches Gottes durch Jesus fixiert, dass sie für seinen bevorstehenden Tod und seine Auferstehung blind waren, obwohl er mehrfach über diese Dinge gesprochen hatte. Trotz ihrer Verwirrung hatten sie genug Glauben, um ihm drei wichtige Fragen zu stellen: 1) Sage uns, wann wird dies geschehen? 2) Was wird das Zeichen deiner Wiederkunft sein? 3) Was wird das Zeichen des Endes der Weltzeit sein?

Die Rede auf dem Ölberg beantwortet diese drei konkreten Fragen und weitere. Aus diesem Grund glauben wir, dass sie die wichtigste endzeitliche Prophezeiung in der Schrift ist. Im nächsten Kapitel werden wir ausführlicher auf diese drei Fragen zu sprechen kommen.

5. DIE BEANTWORTUNG DER DREI Schlüsselfragen

Als er die drei Fragen der Jünger beantwortete, bezogen sich die ersten Worte aus dem Mund des Erlösers auf die Zeit der Gemeinde: «Habt acht, dass euch niemand verführt! Denn viele werden unter meinem Namen kommen und sagen: Ich bin der Christus! Und sie werden viele verführen» (Mt 24,4-5). Und das haben sie – unzählige Tausende und noch viel mehr, während wir uns dem Endes des Zeitalters nähern.

Falsche Christusse und Messiasse

In der Geschichte mangelt es nicht an Beispielen für die Prophezeiung unseres Herrn, dass Christen in den letzten Tagen (anfangend mit Pfingsten) aufpassen sollten, dass sie «niemand verführt.» In meiner (Tim) auf der biblischen Prophetie basierenden, fiktionalen Serie *Babylon Rising* hat Koautor Dr. Bob Phillips die Namen von einigen klassischen Beispielen aufgegriffen:

30 n.Chr.	Theudas
30 n.Chr.	Judas der Galiläer
2. Jhdt.	Simon Bar Kochba

5. Jhdt.	Mose von Kreta
591 n.Chr.	Wanderprediger
720 n.Chr.	Abu Isa von Bagdad
8. Jhdt.	Aldebert
832 n.Chr.	der aus den Toten auferstandene Mose
1110 n.Chr.	Tanchelm von Antwerpen
12. Jhdt.	David Alroy
1240 n.Chr.	Abraham Abulafia
1523 n.Chr.	David Reuveni
1542 n.Chr.	Chajim Vital
1543 n.Chr.	Isaak Luria
1626 n.Chr.	Schabbatai Zvi
1700 n.Chr.	Baal Schem Tov
1726 n.Chr.	Jakob Frank
1774 n.Chr.	Ann Lee
1792 n.Chr.	Richard Brothers
1919 n.Chr.	Father Divine
1959 n.Chr.	Maitreya
1993 n.Chr.	Ca Van Lieng
1993 n.Chr.	Õmu Shinrikyõ (bekannt als Aum-Sekte)
1997 n.Chr.	Marshall Applewhite
1997 n.Chr.	Sun Myung Moon
1998 n.Chr.	Nancy Fowler
1998 n.Chr.	Hon-Ming Chen
2000 n.Chr.	Wayne Bent
2004 n.Chr.	Alan John Miller
2013 n.Chr.	Moses Hlongwane

Interessanterweise wurde keine Person häufiger «der Christus» genannt als Jesus von Nazareth. Aber nur selten nennen sie sich Jesus. Vielmehr verwenden sie seine besondere Bezeichnung «der Christus», was «der Gesalbte» oder «der Messias» bedeutet. Alle, die diesen Anspruch erheben, haben eines gemeinsam:

Sie sind falsche, vom Teufel und seinen gefallenen Engeln inspirierte Propheten. Da wir dies wissen, sollten wir Jesu Warnung ernst nehmen, dass sie gegen Ende des Zeitalters immer häufiger auftreten werden.

Wie man sich nicht verführen lässt

Wenn wir den authentischen Bericht über das Leben Jesu in den Evangelien kennen und ihm glauben, fällt es leicht, sich nicht täuschen zu lassen hinsichtlich der Identität des wahren Christus oder Messias. Beantworten Sie für sich die folgenden Fragen über all die Personen, die behaupten, der Christus zu sein:

1. Hat er alle 109 alttestamentlichen Prophezeiungen über den Messias erfüllt? *Jesus hat es!*
2. Wurde er von einer hebräischen Jungfrau in Bethlehem geboren? *Jesus wurde es!*
3. War er der grösste Lehrer in der Weltgeschichte? *Jesus war es!*
4. Hat er ein sündloses Leben geführt? *Jesus tat es!*
5. Wurde er gekreuzigt, nicht für seine eigenen Sünden, sondern für die der Welt? *Jesus wurde es!*
6. Ist er drei Tage nach seiner Kreuzigung von den Toten auferstanden, wie er es zu Lebzeiten mehrfach verheissen hat? *Jesus ist es!*
7. Hat Gott der Vater ihn aus den Toten auferweckt und dadurch gezeigt, dass er das vollkommene Opfer für die Sünden der Menschen angenommen hat? *Auf Jesus trifft das zu!*
8. Wurde er in den 40 Tagen nach seiner Auferstehung von mehr als 500 Menschen gesehen, bevor er in den Himmel aufgestiegen ist? *Jesus wurde es!*
9. Starben alle, die sagten, sie haben ihn gesehen, gehört und mit ihm gegessen, bereitwillig den Märtyrertod? *Bei Jesus traf das zu!*
10. Wird er heute von mehr Menschen geschätzt, angebetet und verehrt als jede andere Person, die jemals lebte? *Auf Jesus trifft das zu!*

11. Ist er der einzige Weg zum himmlischen Frieden mit Gott dem Vater? *Jesus ist es!*
12. Wer in der ganzen Bibel erfüllte Jesajas messianische Prophezeiung – die Jesus in Lukas 4,18 zitierte –, dass der Messias den «Blinden Augenlicht» (Elberfelder 2003) geben würde, wie er es mit Bartimäus in Markus 10,52 tat? Weder Henoch noch Noah, Hiob, Samuel oder Mose haben das getan. *Nur Jesus!* Und er machte Blinde mindestens acht Mal sehend! Kein Wunder, dass er sagen konnte: «So glaubt mir doch um der Werke [Wunder] willen!» (Joh 14,11). Wie wir gesehen haben, machen ihn seine Werke absolut einzigartig.

Keine andere Person in der Geschichte hat so viele Nachahmer gehabt wie Jesus Christus. Das ist nur einer von vielen unwiderlegbaren Beweisen für seine wahre Identität als der einzige Messias der Welt. Nicht einmal der islamische Mahdi aus dem 7. Jahrhundert reicht da heran. Und das ist nur eine von 109 Prophezeiungen über den Messias, die Jesus erfüllt hat! (Die vollständige Liste dieser Prophezeiungen findet sich in *Tim LaHaye Prophecy Study Bible* auf den Seiten 1559-1563.) Nehmen Sie sich Jesu Rat zu Herzen, wenn Sie die Zeichen der letzten Tage sehen: «Habt acht, erschreckt nicht; denn dies alles muss geschehen; aber es ist noch nicht das Ende» (Mt 24,6).

Die Erfüllung der messianischen Prophetie

Als Jesus seine Jünger fragte: «Für wen halten die Leute mich, den Sohn des Menschen?», schloss er an ihre Antwort die wichtigste Frage an, die einem Menschen gestellt werden kann: «*Ihr* aber, für wen haltet ihr mich?» (Mt 16,13-14; Hervorhebung durch die Autoren). Hier konfrontiert er uns alle mit der Frage, deren Antwort bestimmt, wo wir die Ewigkeit verbringen werden. Wir sollten dafür beten, dass jeder sie wie Petrus beantworten kann: «Du bist der Christus, der Sohn des lebendigen Gottes!» (V. 16). Petrus hat sich diese Antwort nicht selbst ausgedacht. Obwohl er mehr als drei Jahre mit Jesus zusammengelebt, ihn vor grossen Menschenmengen predigen gehört und die Heilung vieler Menschen mit angesehen hatte, war es Gott der Vater, der Petrus die Antwort in Matthäus 16,16 offenbarte.

Heute haben wir noch mehr Grund zu glauben, dass Jesus der «eingeborene Sohn» Gottes war (Joh 3,16). Wir können uns die 109 messianischen Prophezeiungen ansehen, die Jesus in seinem Leben erfüllte und die ohne jeden Zweifel beweisen, dass er allein Gottes Sohn war und ist. Denn Jesus von Nazareth ist die einzige Person, die jemals lebte, die jeden heilungsbedürftigen Menschen, der ihm begegnete, auch wirklich heilte. Als Wunderheiler ist er ganz und gar einzigartig. Wie Matthäus sagte: «Als nun Jesus ausstieg, sah er eine grosse Menge; und er erbarmte sich über sie und heilte ihre Kranken» (14,14). Niemand war je in der Lage, so zu heilen wie Jesus.

Jesus erfüllte alle 109 Prophezeiungen über den Messias

Dieses Buch bietet nicht genug Platz, um alle Prophezeiungen aufzuführen, die Jesus in seiner kurzen Zeit auf Erden erfüllte. Die folgenden Beispiele sind aber mehr als ausreichend, um zweifelsfrei zu beweisen, dass er der einzige Messias ist:

- Die biblische Prophetie sagte, er würde von einer Jungfrau geboren werden und einen menschlichen Vater haben (Jes 7,14). Die Erfüllung finden wir in Matthäus 1,22-23 und Lukas 2,6-7.
- 700 Jahre vor Jesu Geburt prophezeite die Bibel, dass er in Bethlehem geboren würde (Mi 5,1). Diese Prophezeiung wurde erfüllt (s. Mt 2,1-6) und enthält noch ein weiteres Wunder. Als Maria kurz vor der Entbindung stand, reiste sie von Nazareth nach Bethlehem, eine Reise von 112 Kilometern über primitive Strassen und raues Gelände. Erstaunlicherweise kam das Kind nicht zur Welt, bevor sie Bethlehem erreichte – ein Wunder für sich.

- In Hosea 11,1 sagte Gott: «Aus Ägypten habe ich meinen Sohn gerufen.» Diese Prophezeiung verkündete, dass Jesus irgendwann einmal «aus Ägypten» heraufkommen würde. Als sich die Weisen aus dem Morgenland erkundigten: «Wo ist der neugeborene König der Juden?» (Mt 2,2), bekam König Herodes Angst und ordnete die Ermordung aller männlichen Kleinkinder in Bethlehem an. Deshalb floh Joseph mit Maria und Jesus nach Ägypten (Mt 2,13-15). Nachdem Herodes gestorben war, kehrte Joseph mit Maria und Jesus aus Ägypten zurück. Und so erfüllte er Hosea 11,1.
- In Jesaja 61,1 wurde der Heilungsdienst Jesu vorausgesagt. Hunderte von Jahren später zitierte Jesus diese Stelle in einer Synagoge in Nazareth (Lk 4,16-19) und sagte: «Heute ist diese Schrift erfüllt vor euren Ohren!» (V. 21).
- Es gibt mehr als 50 Prophezeiungen über den Tod und die Auferstehung Jesu, und jede einzelne wurde vollständig erfüllt. Zum Beispiel:

1. Er wurde für 30 Silberlinge verraten (Sach 11,12; Mt 26,15).
2. Er wurde von einem Freund verraten (Ps 41,10; Lk 22,47).
3. Er wurde zwischen zwei Räubern gekreuzigt (Jes 53,12; Mt 27,38).

Und die Liste geht weiter und weiter ...

Das Erstaunliche ist, dass Jesus alle 109 messianischen Prophezeiungen erfüllte, die ihn eindeutig als den einzigen Sohn Gottes auswiesen. Dass es legitim ist, solche erfüllten Prophezeiungen anzuführen, um seine Identität zu bestätigen, macht das Gespräch zwischen Jesus und den beiden Jüngern auf dem Weg nach Emmaus nach seiner Auferstehung deutlich. Wegen seiner Kreuzigung waren sie auf dem Heimweg sehr entmutig, und er sagte zu ihnen:

> «Musste nicht der Christus dies erleiden und in seine Herrlichkeit eingehen? Und er begann bei Mose und bei allen

Propheten und legte ihnen in allen Schriften aus, was sich auf ihn bezieht» (Lk 24,26-27).

Später kehrten die beiden Jünger nach Jerusalem zurück und sagten zueinander: «Brannte nicht unser Herz in uns, als er mit uns redete auf dem Weg, und als er uns die Schriften öffnete?» (Lk 24,32). Ich habe festgestellt, dass unser Herz für ihn und seinen Vater warm wird, wenn wir die erfüllten Prophezeiungen Jesu studieren.

Niemand sonst kommt auch nur annähernd heran

Nicht einer der 13 Milliarden Menschen oder so, die auf der Erde gelebt haben, kommt auch nur ansatzweise an die Erfüllung der 109 Prophezeiungen heran. Die Prophezeiung eines männlichen Kindes reduziert die Möglichkeiten um etwa die Hälfte. Dass er aus der Linie Davids kommen sollte, reduziert sie um ein Vielfaches mehr, und die Geburt in dem kleinen Ort Bethlehem nach einer 112 Kilometer langen Reise noch weiter. Es mag ein paar geben, die behaupten, sie hätten fünf oder sechs der 109 Prophezeiungen erfüllt, aber Jesus erfüllte sie alle! Jesus erfüllte alle Prophezeiungen, die von ihm verlangt wurden, und bestätigte so, dass er der verheissene Messias Gottes war. Niemand kommt ihm auch nur nahe!

«Habt acht»

Dies sind nur ein paar der vielen Dinge, auf die wir achten sollen, um herauszufinden, wer der Christus Gottes ist. Jesus Christus erfüllt nicht nur all diese prophetischen Anforderungen an den Sohn Gottes – niemand sonst kommt auch nur in seine Nähe. Offen gesagt, ich habe noch nie von jemandem gehört, der auch nur sieben dieser biblischen Anforderungen an den Messias erfüllte, und Jesus erfüllte sie alle! So wie es nur einen Gott gibt, gibt es nur einen Sohn Gottes, der «über ihn Aufschluss gegeben hat» – ihn sichtbar machte! Denn der liebevolle und gnädige Gott des Universums möchte nicht, dass jemand ohne Glauben an Jesus Christus als den Schöpfer, Erlöser und König in die Ewigkeit geht (s. 2Petr 3,9).

Im Lauf der Geschichte haben falsche Christusse und falsche Propheten Millionen verführt. In der Drangsalszeit werden noch viele weitere folgen. Und der tiefe Schmerz Jesu am Ende von Matthäus 23 – als er darüber trauerte, dass ihn das jüdische Volk ablehnte – zeigt, dass auch die jüdischen Priester und religiösen Führer viele verführt hatten. Sie hatten die Juden in Jerusalem die messianischen Prophezeiungen nicht angemessen gelehrt. Nur ein paar Tage, nachdem Jesus von einer grossen Menschenmenge als eine grosse Persönlichkeit begrüsst worden war, lehnte dieselbe Menge Christus entweder ebenso ab wie die religiösen Führer oder blieb stumm, als diese von den römischen Autoritäten seinen Tod forderten.

Auch die Jünger verstanden erst nach seiner körperlichen Auferstehung wirklich, dass Jesus der Messias ihres Volkes war. Aber die drei Fragen, die sie auf dem Ölberg an ihn richteten, machten deutlich, dass sie dem Glauben sehr nahe waren. Wie der Apostel Petrus bereits bemerkt hatte: «Herr, zu wem sollen wir gehen? Du hast Worte ewigen Lebens» (Joh 6,68).

Eine weitere endzeitliche Prophezeiung

Während er auf die drei Fragen der Jünger einging, sagte Jesus über die letzten Tage: «Ihr werdet aber von Kriegen und Kriegsgerüchten hören; habt acht, erschreckt nicht; denn dies alles muss geschehen; aber es ist noch nicht das Ende» (Mt 24,6).

Die Geschichte hat bewiesen, dass Jesus recht hatte – studiert man die Geschichte, erkennt man, wie sich ein Krieg an den nächsten reihte. Der verstorbene Dr. Henry Morris, der grosse kreationistische Wissenschaftler, der mehr als 30 Jahre mein Kollege war, schrieb über diesen Vers Folgendes: «Seit der Zeit Christi fand in 11 von 12 Jahren mindestens ein grosser Krieg auf der Welt statt. Gegenwärtig gibt es schätzungsweise mindestens 40 Kriege weltweit – kleine und grosse, inner- oder zwischenstaatliche.»[1]

Während ich dies hier schreibe, explodieren die Kriege im Nahen Osten in und um Israel, Syrien und Irak herum geradezu. Auch in Russland, der Ukraine und in verschiedenen Teilen Afrikas wird gekämpft. Wir leben in einer zunehmend instabilen Zeit mit Kriegen auf der ganzen Welt. Es ist nur eine Frage der Zeit, bis sich die Welt in einen weiteren Weltkrieg stürzt.

Wir sollten festhalten, dass Jesus die Jünger nicht tadelte für ihre drei Fragen: «Sage uns, wann wird dies geschehen, und was wird das Zeichen deiner Wiederkunft und des Endes der Weltzeit sein?» (Mt 24,3). Er wusste, in den nächsten 2.000 Jahren würden viele seiner Nachfolger genau dieselben Fragen haben. Sie haben alle mit dem Zeitpunkt seines verheissenen Reiches zu tun. Sie wollten wissen: «Wann wirst du zurückkommen, und mit welchem Zeichen deines Kommens können wir rechnen?» Sie erwarteten eindeutig seine Rückkehr und schienen zu verstehen, dass er in das Vaterhaus gehen und wieder zurückkehren würde, wie er es vorausgesagt hatte (s. Joh 14,1-3). Und natürlich wollten sie wissen, *wann* das der Fall sein würde. Genauso, wie wir das wollen!

Meine Frau Beverly und ich (Tim) stellen uns eine ähnliche Frage. Wir sind seit 68 wundervollen Jahren miteinander verheiratet und fragen uns: Werden wir gemeinsam entrückt oder kommen wir getrennt in den Himmel?

Die gute Nachricht ist: Weil wir an Christus glauben, ist es letztlich nicht entscheidend, wann er kommen wird, in der Ewigkeit werden wir auf jeden Fall für immer zusammen sein. So verwundert es nicht, dass der Apostel Paulus unter der Inspiration des Heiligen Geistes schrieb: «Indem wir die glückselige Hoffnung erwarten und die Erscheinung der Herrlichkeit des grossen Gottes und unseres Retters Jesus Christus» (Tit 2,13). Diese «Hoffnung» ist nicht nur eine göttliche Verheissung, sie ist eine göttliche Garantie, der wir vertrauen können, da sie von Gott kommt.

Jesu Warnung

Obgleich Christen sich über diese Hoffnung oder Zuversicht freuen dürfen, dass Christus eines Tages zurückkehrt und seine Nachfolger zu sich holt, kennt niemand den Tag noch die Stunde seines Kommens (Mt 24,36-44; 25,13). Viele haben den Fehler begangen und versucht, das Datum des Kommens Christi vorauszusagen, obwohl die Schrift so etwas verbietet. Jesus machte ganz deutlich, dass niemand den Zeitpunkt seines Kommens kennt, deshalb sollten wir unsere Zeit nicht mit Spekulationen vergeuden. Vielmehr sollten wir stets bereit sein, weil Jesus in jedem Augenblick zurückkommen könnte!

Lassen Sie sich von den Unruhen auf der Welt nicht erschrecken

In Matthäus 24,6 sagte Jesus, wir sollten uns von Kriegen und Kriegsgerüchten nicht erschrecken lassen. Solche Nachrichten sollten uns nicht nervös machen. Warum? «Denn dies alles muss geschehen; aber es ist noch nicht das Ende.» Das heisst, wir sollten mit solchen Dingen rechnen. Sie müssen geschehen. Und wie bewahren wir unser Herz vor Unruhe? Indem wir dem Herrn vertrauen. Er ist treu. Er hat alles unter Kontrolle. Statt uns Sorgen zu machen, sollen wir in ihm ruhen.

Das Kriegszeichen, das zur Prophezeiung Jesu passt

Achten Sie einmal auf die Details, die Jesus in seiner Prophezeiung in Matthäus 24,6-7 erwähnt. Nachdem er von «Kriegen und Kriegsgerüchten» gesprochen hat, sagt er, dass wir nicht erschrecken sollen, denn «es ist noch nicht das Ende.» Anschliessend fügt er hinzu: «Denn ein Heidenvolk wird sich gegen das andere erheben und ein Königreich gegen das andere; und es werden hier und dort Hungersnöte, Seuchen und Erdbeben geschehen» (V. 7). Das bedeutet, es wird noch mehr passieren. Im Einzelnen sind das:

1. ein Krieg, der zwischen zwei Staaten beginnt – und in den die ganze Welt hineingezogen wird
2. Hungersnöte
3. Seuchen (Krankheiten)
4. Erdbeben an verschiedenen Orten gleichzeitig

Nachdem er über Kriege im Allgemeinen gesprochen hat, wechselt Jesus zu einem bestimmten Krieg zwischen zwei Nationen, denen sich andere Staaten anschliessen, bis die ganze Welt beteiligt ist, und der von drei von Gott initiierten Katastrophen begleitet wird. Kann ein solcher Krieg ein weltweites Ausmass annehmen? Alle vier Elemente aus Matthäus 24,7 gab es auch im Ersten Weltkrieg von 1914 bis 1918, der etwa 50 Millionen Menschenleben kostete. Dieser Krieg begann als Konflikt zwischen Serbien und Österreich und weitete sich auf viele andere Staaten aus. Daher kann man sich leicht vorstellen, wie in der Zukunft ein ähnlicher Konflikt entstehen und zu einem weltweiten Flächenbrand werden könnte.

Der Höhepunkt des Judenhasses

Nahezu zeitgleich mit dem Aufstieg der Zionistischen Bewegung kam in Spanien, Italien, Deutschland, Polen, Russland und sogar England ein wachsender und vom Teufel initiierter Hass gegen das hebräische Volk auf. Dieser Hass führte zur Verletzung des Balfour-Abkommens, das Personen wie General Gordon, Feldmarschall Allenby und Lord Balfour zusammen mit ihrem Einfluss einsetzten, um den Juden die Rückkehr in ihr Heimatland zu ermöglichen. Es ist unglücklich, dass das Land Israel jemals als *Palästina* bezeichnet wurde, denn die Bibel nennt es wiederholt das Land Israel. Nach dem Bar Kochba-Aufstand wurde der Name von den Römern eingeführt, um die Juden zu beleidigen. Die römische Bezeichnung *Palästina* ist der lateinische Name für die alten Philister, der alttestamentlichen Feinde Israels. Zur Zeit der römischen Eroberungen in den Jahren 70 und 135 n.Chr. waren die Philister schon lange verschwunden. Ausserdem waren die altestamentlichen Philister weder Araber noch mit ihnen verwandt. Leider wurde der Name *Palästina* in den letzten Jahrhunderten weiterhin auf Landkarten des Nahen Ostens verwendet, was den begrifflichen Ursprung von *Palästina* nur noch verwirrender erscheinen lässt.

Ziel Israel

Als Jesus die Fragen der Jünger über die letzten Tage beantwortete, wollte er sie nicht beunruhigen, sondern trösten. Und er ist nicht der einzige, der die biblische Prophetie mit diesem Ziel einsetzte. Auch der Apostel Paulus tat das. In der ausführlichsten Bibelstelle über die Entrückung der Gemeinde schrieb er beispielsweise: «So tröstet nun einander mit diesen Worten!» (1Thes 4,18). Von meinen (Tim) 68 Jahren als Diener des Evangeliums war ich 37 Jahre lang Pastor. In dieser Zeit habe ich miterlebt, wie 1. Thessalonicher 4,18 vielen Kindern Gottes Hoffnung schenkte. Tausende von Pastoren haben diesen Vers auf Beerdigungen von verstorbenen Gläubigen zitiert und Mitchristen an Gottes Verheissung erinnert, dass wir uns eines Tages im Himmel wiedersehen.

Gleich im nächsten Kapitel weist Paulus – im Kontext der Endzeit-Prophetie – erneut darauf hin, dass dieses Wissen eine Quelle des Trostes sein soll (1Thes 5,1-11). Er schliesst mit den Worten: «Deshalb ermuntert einander und erbaut einer den anderen, wie ihr auch tut» (V. 11; Elberfelder 2003). Wie Dr. Hindson auf Prophetie-Konferenzen häufig sagte: «Gott hat diese Wahrheiten über die Endzeit nicht geoffenbart, um uns Angst zu machen, sondern um uns auf die Rückkehr des Herrn vorzubereiten.»

Des weiteren sollten wir festhalten, dass unser Herr in seiner grössten von allen endzeitlichen Belehrungen, der Rede auf dem Ölberg, und der Apostel Paulus bemüht waren, uns zu informieren, damit wir die «Zeiten und Zeitpunkte» der Rückkehr Jesu verstehen, auch wenn wir den genauen «Tag oder die Stunde» nicht kennen. Obwohl es verboten ist, ein Datum zu errechnen oder über das *Wann* des Kommens Jesu zu spekulieren, redeten sie offen über die Endzeit, um uns zu grösserer persönlicher Heiligung zu motivieren und uns zu zeigen, wie dringlich es ist, die Verlorenen mit dem Evangelium zu erreichen.

Die prophetischen Geburtswehen haben schon begonnen

So wie die Wehen einer Schwangeren anzeigen, dass die Geburt ihres Kindes kurz bevorsteht, sprach Jesus in prophetischer Hinsicht vom «Anfang der Wehen» (Mt 24,8). In diesem Buch wollen wir deutlich machen, dass die Ereignisse, die zu diesen prophetischen Geburtswehen heranreifen, bereits begonnen haben oder zumindest auf dem Weg sind. Im 19. Jahrhundert fing man zum Beispiel an, auf Universitäten in Europa und dann in Amerika säkularistische und humanistische Weltanschauungen zu lehren. Beide, Säkularismus und Humanismus, haben gottesfeindliche Ansichten genährt, die in unserer modernen Gesellschaft heute so weit verbreitet sind. Sie nahmen ihren Anfang in akademischen Einrichtungen und haben sich auf andere Lebensbereiche ausgedehnt. Ein allgemein verbreiteter Aspekt dieser Weltanschauungen ist die Idee, dass sich alle Staaten und Völker auf eine einzige Weltregierung hinbewegen. Und genau das wird der Bibel zufolge in den letzten Tagen passieren.

Die um uns herum stattfindenden Geburtswehen machen deutlich, dass wir in den letzten Tagen leben könnten, von denen Jesus und seine Propheten sprachen. Gott allein kann «von Anfang an das Ende» verkünden (Jes 46,9-10) – das heisst, nur er weiss, was in der Zukunft geschehen wird. Dass viele biblische Prophezeiungen genau so eingetroffen sind, wie sie vorhergesagt wurden, beweist Gottes Allwissenheit und seine Existenz. Biblische Prophetie ist im Voraus geschriebene Geschichte, und nur Gott kann mit absoluter Sicherheit offenbaren, was kommen wird.

Unserer Ansicht nach ist Israels Neugründung als Staat – das Tal der zum Leben erwachenden Gebeine – das grösste Zeichen für die bevorstehende Rückkehr unseres Herrn, die schon sehr bald geschehen könnte. Wir nennen es das «Superzeichen» der letzten Tage.

6. DIE PROPHETISCHE Verheissung JESU

Glauben Sie aufgrund des zurzeit herrschenden Chaos in der Welt, dass wir in den schrecklichsten Zeiten in der Geschichte leben? Der Herr Jesus Christus, der grösste Prophet in der ganzen Bibel, würde das verneinen. Laut seiner Rede auf dem Ölberg liegt das Schlimmste noch vor uns. In Matthäus 24,21 sagte er: «Denn dann wird eine grosse Drangsal sein, wie von Anfang der Welt an bis jetzt keine gewesen ist und auch keine mehr kommen wird.» Diese Worte leiten die zweite Hälfte der Drangsalszeit ein, in der der Antichrist diese Welt vollständig unter seine Kontrolle bringen wird.

Die Dinge werden sich so sehr zum Schlechten entwickeln, dass Gottes Gnade diese Zeit verkürzen wird. Matthäus 24,22 sagt: «Um der Auserwählten willen sollen jene Tage verkürzt werden.» In Offenbarung 6–20 sehen wir, wie Gott die Erde und alle ihre Naturgewalten so erschüttern wird, dass sich Millionen von unentschlossenen Menschen an Christus wenden werden. In der Drangsalszeit werden Gott, sein Sohn Jesus Christus und der Heilige Geist gegen den Teufel, seine dämonischen Geister und den falschen Propheten um die Seelen der Unentschlossenen kämpfen. In seiner grossen Liebe und Gnade für die Menschen wird Gott 144.000 jüdische Zeugen und die zwei übernatürlichen Zeugen aus Offenbarung 11 senden und andere Dinge tun, um die Menschen von ihren Sünden zu überführen und ihnen deutlich zu machen, dass sie den Herrn brauchen, um ewig errettet zu werden.

Beim gründlichen Lesen der Offenbarung erkennt man Gottes grosse Liebe zu den Menschen, sogar in diesem kurzen, sieben Jahre umfassenden Zeitraum, der dem Ende der Welt vorangehen wird. Der Teufel weiss, dass ihm nicht viel Zeit bleibt, und er wird alles in seiner Macht Stehende tun, um die Menschen hinsichtlich Gottes und des Erlösers in die Irre zu führen, so wie er es seit dem Garten Eden getan hat. Einer der vielen Beweise der Liebe und Gnade Gottes werden die drei Engel in Offenbarung 14 sein. Lesen Sie, was der Apostel Johannes über einen von ihnen sagte: Einer dieser Engel wird «inmitten des Himmels fliegen, der hatte ein ewiges Evangelium zu verkündigen denen, die auf der Erde wohnen.» In Offenbarung 14,6-7 heisst es:

> «Und ich sah einen anderen Engel inmitten des Himmels fliegen, der hatte ein ewiges Evangelium zu verkündigen denen, die auf der Erde wohnen, und zwar jeder Nation und jedem Volksstamm und jeder Sprache und jedem Volk. Der sprach mit lauter Stimme: Fürchtet Gott und gebt ihm die Ehre, denn die Stunde seines Gerichts ist gekommen; und betet den an, der den Himmel und die Erde und das Meer und die Wasserquellen gemacht hat!»

Ein ausführliches Studium der Offenbarung bringt mindestens 39 Ereignisse zum Vorschein, die Gottes grosse Liebe und Gnade während der Drangsalszeit deutlich machen. Das sollte uns nicht überraschen. Gott wird so handeln, wie er es immer getan hat, und seine Liebe (Joh 3,16) und seine Sehnsucht nach allen Menschen zum Ausdruck bringen (2Petr 3,9). Im Alten Testament bezeichnete sich Gott gegenüber Mose als einen Gott, «der barmherzig und gnädig ist, langsam zum Zorn und von grosser Gnade und Treue; der

Tausenden Gnade bewahrt und Schuld, Übertretung und Sünde vergibt» (2Mo 34,6-7). 2. Petrus 3,9 spricht von Gottes grosser Langmut gegenüber Sündern: «Der Herr zögert nicht die Verheissung hinaus, wie etliche es für ein Hinauszögern halten, sondern er ist langmütig gegen uns, weil er nicht will, dass jemand verlorengehe, sondern dass jedermann Raum zur Busse habe.» Und diese Liebe wird selbst in der Drangsalszeit «jeder Nation und jedem Volksstamm und jeder Sprache und jedem Volk» (Offb 14,6) mit lauter Stimme verkündet werden: «Fürchtet Gott und gebt ihm die Ehre.»

Nachdem Jesus den ungläubigen Juden in Johannes 5 einige Gründe für den Glauben geliefert hatte, dass er der Messias Gottes war, gab er ihnen selbst die Schuld für ihren Unglauben, nicht Gott. Er sagte: «Und doch wollt ihr nicht zu mir kommen, um das Leben zu empfangen» (V. 40).

Es ist eine Frage des Willens. Jesus selbst sagte: «Wenn jemand seinen Willen tun will, wird er erkennen, ob diese Lehre von Gott ist oder ob ich aus mir selbst rede» (Joh 7,17). Wenn jemand den Willen Gottes tun will, «wird er erkennen, ob diese Lehre von Gott ist» oder die Lehre über ihn. Der Erlöser, der in der Drangsalszeit einen Engel aus dem Himmel senden wird, um die Verlorenen zu erreichen, oder der Petrus in Apostelgeschichte 10 in das Haus eines aufrichtigen heidnischen Hauptmannes namens Cornelius sandte oder der einen mir bekannten Missionar zu einem Stamm von Kopfjägern schickte, ist absolut in der Lage, einen Boten oder die Evangeliumsbotschaft zu jedem zu senden, der Gott aufrichtig sucht.

Wenn die Ansicht eines Theologen über den Gott der Bibel das unerschöpfliche Ausmass seines souveränen Wissens beinhaltet, sollte er keine Schwierigkeiten haben, die Tatsache zu akzeptieren, dass Gott der Vater nicht überrascht ist, wenn sich ein Mensch für oder gegen seinen Sohn Jesus Christus entscheidet. Er wusste vor Grundlegung der Welt, wer Christus annehmen und wer ihn ablehnen würde. Wer sich gegen Jesus Christus entscheidet, wird in den Feuersee geworfen werden (Offb 20,15).

Dieses Feuer war nie für den Menschen bestimmt, sondern für den Teufel und seine Engel. Die Entscheidung für oder gegen Christus liegt bei jedem Menschen selbst. Gott wird niemanden zwingen, seinen Sohn anzunehmen.

Der Schlüssel zum Verständnis der Rede auf dem Ölberg

Wie wir bereits gesehen haben, stellten die Jünger Jesus nur wenige Tage vor seinem Tod und seiner Auferstehung drei Fragen über das zukünftige Reich und die Zeichen seines Kommens. Dass diese Fragen auch für uns von Bedeutung sind, macht die Tatsache deutlich, dass Jesus in den anschliessenden Versen nicht nur drei, sondern mindestens neun oder mehr Antworten gab. Einige seiner Antworten können noch einmal unterteilt werden.

Drei Antworten ragen jedoch hervor, weil sie zusammen deutlich machen, dass noch nicht alle Prophezeiungen aus Matthäus 24–25 erfüllt sind. Diese drei Antworten sind:

- ein Weltkrieg, der anfangs von zwei Nationen begonnen wird,
- die Verkündigung des Evangeliums auf der ganzen Welt (wie in Offenbarung 14 beschrieben),
- die Entweihung des Tempels in den letzten Tagen.

Die ersten beiden Punkte haben wir bereits näher beleuchtet. Die Entweihung des Tempels hat noch nicht stattgefunden. Das wird erst soweit sein, wenn der Antichrist einen siebenjährigen Bund oder Vertrag mit den Juden eingeht und ihn zur Mitte bricht (nach 3½ Jahren Drangsalszeit). Dann wird der Tempel entweiht (s. Dan 9,27; 11,31; 2Thes 2,3-4; Offb 13,5). Dieser sieben Jahre umfassende Vertrag wird erst nach der Entrückung der Gemeinde geschlossen. Allerdings könnten diese Dinge kurz hintereinander folgen. Die Entrückung ist das nächste Ereignis in Gottes prophetischem Zeitplan, was bedeutet, dass sie jederzeit stattfinden könnte. Und obwohl es gegenwärtig keinen Tempel in Jerusalem gibt, könnte sich das schnell ändern, wenn der «Mensch der Sünde», bekannt als der Antichrist, den Wiederaufbau genehmigt. Er ist derjenige, der ihn entweihen wird (2Thes 2,3-4).

Die Entweihung des Tempels ist auch bekannt als der «Gräuel der Verwüstung» (Mt 24,15; s. auch Dan 11,31). Ab diesem Zeitpunkt wird sich der Antichrist, der einen Siebenjahresvertrag mit den Juden unterzeichnet hat, gegen sie wenden und den Tempel entweihen. Das geschieht aber nicht zum ersten Mal. Der Tempel wurde schon einmal entweiht, als Antiochus Epiphanes, ein syrischer König, der die Region von 175–165 v.Chr. beherrschte, ein Schwein auf dem Altar opferte. Wir sollten an dieser Stelle auch darauf hinweisen, dass Jesus in Matthäus 24,15 Daniel als offiziellen Verfasser des Buches Daniel anerkannte. Das widerspricht den Ansichten liberaler Gelehrter, die behaupten, Daniel habe das Buch, das seinen Namen trägt, nicht geschrieben.

In Matthäus 24,15 nannte Jesus seinen Jüngern und uns ein klares und unmissverständliches Zeichen der Drangsalszeit und des Antichristen: «Wenn ihr nun den Gräuel der Verwüstung, von dem durch den Propheten Daniel geredet wurde, an heiliger Stätte stehen seht ...» Wenn der Antichrist die Bühne betritt, wird er mit den Juden einen Bund schliessen, der es ihnen in der ersten Hälfte der Drangsalszeit ermöglicht, ihren Tempel in Jerusalem wieder aufzubauen. Nachdem er die Welt unter einer Regierung zusammengeführt hat, wird er seinen Bund mit den Juden aber zur Mitte der Drangsalszeit brechen und sich selbst als Gott darstellen. 2. Thessalonicher 2,3-4 liefert uns Einzelheiten:

> «Denn es muss unbedingt zuerst der Abfall kommen und der Mensch der Sünde geoffenbart werden, der Sohn des Verderbens, der sich widersetzt und sich über alles erhebt, was Gott oder Gegenstand der Verehrung heisst, sodass er sich in den Tempel Gottes setzt als ein Gott und sich selbst für Gott ausgibt.»

Zu dieser Zeit wird der Antichrist viele Ungläubige dazu verführen, ihn als Gott anzubeten. Genau das hat der Teufel seit dem Garten Eden gewollt – Anbetung.

Dieser Gräuel der Verwüstung wird kommen. Nach der Entrückung der Gemeinde wird die Hälfte der Gerichte der Drangsalszeit stattfinden, die Gott geplant hat, um Millionen von Menschen zum Glauben an Christus zu führen. Daniel 9 beschreibt diese Ereignisse ausführlicher. Nach dem Sieg der Perser über die Babylonier teilt uns Daniel 9,2 mit: «Im ersten Jahr seiner Regierung achtete ich, Daniel, in den Schriften auf die Zahl der Jahre, von der das Wort des Herrn an den Propheten Jeremia ergangen war, dass die Verwüstung Jerusalems in 70 Jahren vollendet sein sollte.» Da begann Daniel zu beten und seine und die Sünden des Volkes zu bekennen. Daraufhin sandte der Herr den Engel Gabriel mit einer besonderen Botschaft für Daniel, um Daniel «Verständnis zu lehren», damit er «das Gesicht verstehe» (V. 22-23). Hier ist die Vision, die Daniel empfing:

> «Über dein Volk und über deine heilige Stadt
> sind 70 Wochen bestimmt,
> um der Übertretung ein Ende zu machen
> und die Sünden abzutun,
> um die Missetat zu sühnen
> und eine ewige Gerechtigkeit herbeizuführen,
> um Gesicht und Weissagung zu versiegeln
> und ein Allerheiligstes zu salben.
>
> So wisse und verstehe:
> Vom Erlass des Befehls zur Wiederherstellung
> und zum Aufbau Jerusalems
> bis zu dem Gesalbten, dem Fürsten,
> vergehen 7 Wochen und 62 Wochen;
> Strassen und Gräben werden wieder gebaut,

und zwar in bedrängter Zeit.
Und nach den 62 Wochen
wird der Gesalbte ausgerottet werden,
und ihm wird nichts zuteilwerden;
die Stadt aber samt dem Heiligtum
wird das Volk des zukünftigen Fürsten zerstören,
und sie geht unter in der überströmenden Flut;
und bis ans Ende wird es Krieg geben,
fest beschlossene Verwüstungen.
Und er wird mit den Vielen einen festen Bund schliessen
eine Woche lang;
und in der Mitte der Woche
wird er Schlacht- und Speisopfer aufhören lassen,
und neben dem Flügel werden
Gräuel der Verwüstung aufgestellt,
und zwar bis die fest beschlossene Vernichtung
sich über den Verwüster ergiesst» (V. 24-27).

Es ist äusserst wichtig, den hier beschriebenen Zeitraum zu verstehen. Der mit «sieben» übersetzte hebräische Begriff bezieht sich auf eine Einheit von sieben und nicht auf sieben Tage, und nur der Kontext zeigt, wie viel Zeit gemeint ist. Das Wort sollte wörtlich mit «Siebener» oder «Hepta» übersetzt werden («Gruppe von Sieben»). Im Deutschen haben wir einen ähnlichen Ausdruck. Wenn ich beispielsweise ein Dutzend sage, könnte das ein Dutzend Wochen oder ein Dutzend Jahre bedeuten. Dasselbe gilt für dieses hebräische Wort.

Sieht man sich den Kontext an, geht sowohl aus Daniel als auch aus Offenbarung 12 klar hervor, dass sieben Jahrwochen gemeint sind. Die 70 Wochen in Daniel sind wörtlich 70 Einheiten von 7 Jahren oder insgesamt 490 Jahre. Wir müssen verstehen, dass diese 490 Jahre in drei Gruppen eingeteilt sind, um den zeitlichen Aspekt zu begreifen, den die folgende Grafik darstellt.

Die Erfüllung von Jesaja 61,1-4 in Lukas 4,17-22 im Vergleich mit Daniels Prophezeiung über die 70 Wochen

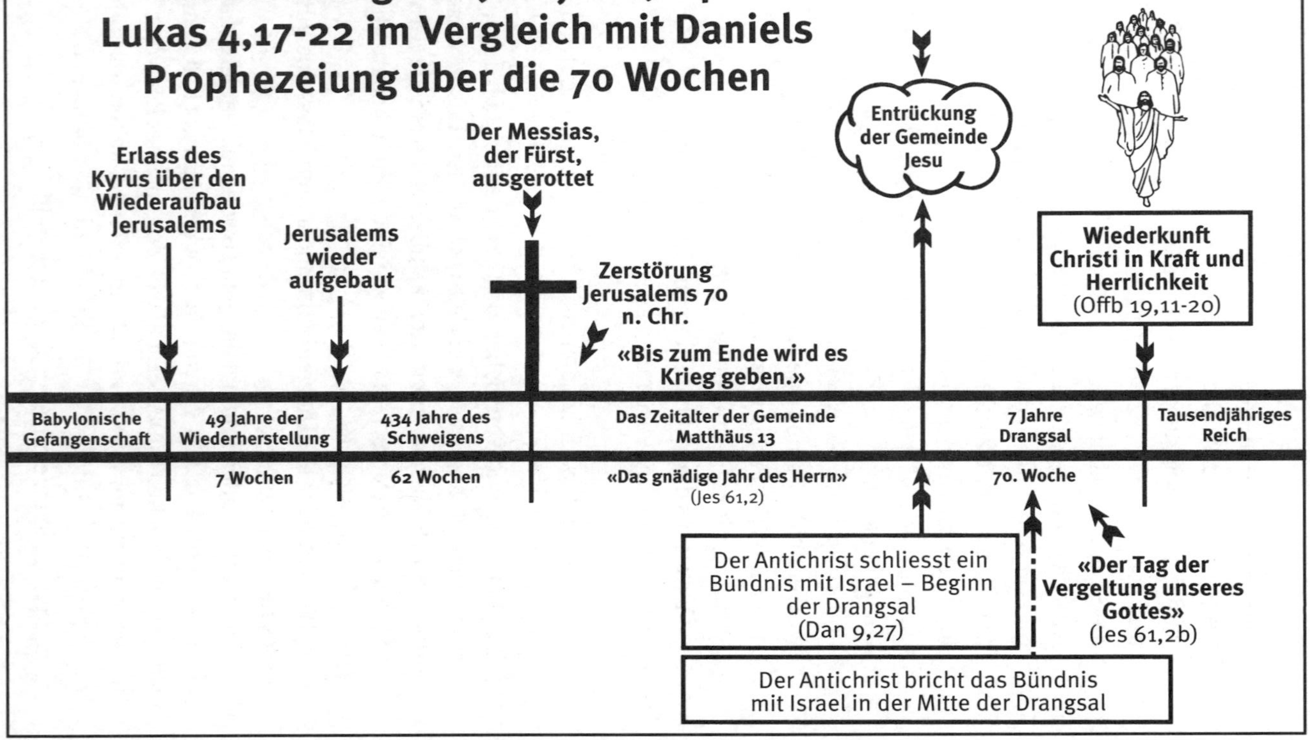

Sieben Einheiten mit jeweils sieben Jahren entsprechen 49 Jahren. Ein Studium der jüdischen Geschichte zeigt: Nach dem Erlass von Kyrus brauchten die Juden unter Esra und Nehemia 49 Jahre, um den Bau der Stadtmauern Jerusalems abzuschliessen. Diese erste Einheit erfüllte sich wie prophezeit (V. 25).

62 Jahrwochen entsprechen 434 Jahren. Diese nächsten 434 Jahre, die als 62 Wochen bezeichnet werden, wurden als «bedrängte Zeit» vorhergesagt, was diesen Zeitraum sehr präzise beschreibt. In dieser Zeit schwieg Gott, bis Johannes der Täufer seinen Dienst begann. Es war eine Zeit der Schwäche in Israel. Diese Zeitspanne sollte enden, wenn «der Gesalbte ausgerottet werden wird, und ihm nichts zuteil werden wird.» Dieser zweite Zeitraum, der sich vom Wiederaufbau des Tempels bis zur Kreuzigung Christi erstreckt, umfasst insgesamt 434 Jahre.

Da alle Prophezeiungen über das erste Kommen Christi ohne Abweichung erfüllt worden sind, können wir zu Recht auch von der exakten Erfüllung dieser Prophezeiung ausgehen. Sir Robert Andersons meisterhaftes Buch *The Coming Prince* (Der kommende Fürst) zeigt, dass die Ankunft Christi in Jerusalem am Sonntag vor seiner Kreuzigung genau im richtigen Jahr stattfand. Meinem (Tims) Wissen nach wurde sein Buch nie widerlegt.

Eine Woche entspricht sieben Jahren. Daniel 9,27 prophezeit, dass der Antichrist «eine Woche lang» einen Bund mit Israel schliessen wird. Seit der Kreuzigung Christi ist niemand solch einen Bund mit Israel eingegangen.

Wenn der Antichrist zur Mitte der siebenjährigen Drangsalszeit seinen Bund mit Israel bricht, wird das noch innerhalb des Zeitraums passieren, den der Engel Gabriel «über dein Volk und über deine heilige Stadt» (Dan 9,24) geweissagt hatte. Die ersten beiden Abschnitte dieser 70 Einheiten von Jahren ergeben zusammen 483 Jahre. Bis auf eine «Woche» ist alles über Israels prophetisch festgelegte Geschichte eingetroffen. Diese letzte Woche wird so schlimm sein, dass Gottes Volk als «das Verwüstete» (Elberfelder

2003) bezeichnet wird. Der zweite Teil von Daniel 9,26 lässt erkennen, dass es eine Unterbrechung in diesem prophetischen Zeitplan geben wird: «Und bis ans Ende wird es Krieg geben, fest beschlossene Verwüstungen.» Das stimmt mit dem «angenehmen Jahr des Herrn» aus dem Buch Jesaja überein (Jes 61,2). Das ist das christliche Zeitalter – das Jahr der Gnade Gottes gegenüber den Nationen. Diese Zeit findet ihren Abschluss in Jesaja 61,2 durch «den Tag der Rache unseres Gottes», mit dem Gott seinen prophetischen Zeitplan für Israel wieder aufnimmt oder die 70. Woche Daniels oder die Drangsalszeit einläutet.

Darauf folgt das zweite Kommen Christi auf die Erde, welches der Apostel Paulus «die Erscheinung der Herrlichkeit» (Tit 2,13) nennt. Wann wird das geschehen?

> «Bald aber nach der Drangsal jener Tage wird die Sonne verfinstert werden, und der Mond wird seinen Schein nicht geben, und die Sterne werden vom Himmel fallen und die Kräfte des Himmels erschüttert werden. Und dann wird das Zeichen des Menschensohnes am Himmel erscheinen, und dann werden sich alle Geschlechter der Erde an die Brust schlagen, und sie werden den Sohn des Menschen kommen sehen auf den Wolken des Himmels mit grosser Kraft und Herrlichkeit» (Mt 24,29-30).

Dieses Erscheinen in Herrlichkeit werden wir in einem späteren Kapitel ausführlicher besprechen. Zunächst einmal wollen wir uns die symbolische Anspielung der Schrift auf Israel als Feigenbaum ansehen – was sowohl für das Volk Israel als auch für Christen heute von Bedeutung ist.

7. ISRAEL ALS Feigenbaum

Wenn wir Gottes Wort verstehen wollen, ist es gefährlich, die Aussagen automatisch mit einer geistlichen oder symbolischen Bedeutung zu belegen. Es ist besser, den von David L. Cooper festgelegten Grundregeln zu folgen, der die goldene Regel der Bibelauslegung lehrte: «Wenn der offensichtliche Sinn der Schrift vernünftig ist, dann suche nach keinem anderen Sinn; nimm also jedes Wort bei seiner primären, normalen, wörtlichen Bedeutung, sofern die Fakten des unmittelbaren Kontexts ... nicht klar auf etwas anderes hindeuten.»[1]

Die chiliastische Lehre der frühen Gemeinde der ersten drei Jahrhunderte besagte, dass Christus vor dem Tausendjährigen Reich wiederkommt – das heisst, bevor er sein Tausendjähriges Reich aufrichtet, deshalb nannte man sie auch Chiliasten oder Prämillennialisten.

Der Amillennialismus, der die Schrift und insbesondere ihre prophetischen Passagen vergeistlicht oder allegorisiert, löste schliesslich die Ansichten der frühen Kirchenväter ab. Im 4. und 5. Jahrhundert nahm dieser Trend rapide zu, als Augustinus die allgemein verbreitete Sicht von der Prophetie in Richtung Amillennialismus veränderte. Dieser Lehre zufolge ist die gegenwärtige Zeit der Gemeinde das Reich Gottes auf Erden. Details über die prophetische Zukunft werden im Allgemeinen auf ein letztes Gericht und den ewigen Zustand beschränkt. Amillennialisten sehen keine spezielle prophetische Bedeutung für Israel und glauben normalerweise, dass die Gemeinde das «neue» Israel ist. Nimmt man die offensichtliche Bedeutung der Schrift nicht wörtlich, besteht das Problem, dass das Wort Gottes so ziemlich alles bedeuten kann.

Jene, die den etwa zu 28 Prozent prophetischen Inhalt der Bibel vergeistlichen, haben Auslegungen hervorgebracht, die sich sogar auf die grundlegenden Lehren der Gemeinde nachteilig auswirkten. Um das auszugleichen, gab Gott Personen wie John Wycliffe und William Tyndale glücklicherweise das Anliegen ins Herz, die Bibel im 14. und 15. Jahrhundert in die Sprache des einfachen Volkes zu übersetzen. Zur selben Zeit entwickelte Johannes Gutenberg die erste mit beweglichen Lettern arbeitende Druckerpresse in Europa und machte es so viel einfacher, Bücher in grossen Mengen herzustellen. Zu den von ihm gedruckten Büchern zählte die Gutenberg-Bibel. Das alles beschleunigte die Übersetzung von Bibeln für das einfache Volk, das das Wort Gottes nun selbst lesen konnte. Und wenn die Menschen es taten, nahmen sie es wörtlich und glaubten, dass Gott sagte, was er meinte, und meinte, was er sagte. Mit der Zeit trug dies zum Studium der biblischen Prophetie bei, zum Wiederaufleben der Evangelisation und einer Rückkehr zu der Überzeugung, dass Christus die Gemeinde vor der Drangsalszeit und dem Ende des Zeitalters entrücken würde.

Auch heute noch wird die Bibel von unzähligen Menschen auf der ganzen Welt gelesen. Sie ist sogar das beliebteste Buch der Welt. Bücher, von denen eine Million Exemplare verkauft wurden, werden weithin gefeiert. Aber nur die Bibel wurde mehr als 35 *Milliarden* Mal gedruckt. Aus diesem Grund taucht sie auch nicht auf der Bestsellerliste der *New York Times* auf. Sie gewinnt jedes Jahr!

Ausserdem hat das Christentum die meisten Nachfolger weltweit. Das christliche Weltbild sagt: «Im Anfang schuf Gott die Himmel und die Erde» (1Mo 1,1). Im Gegensatz dazu besagt die säkulare oder gottlose Weltanschauung: «Der Mensch ist das Mass aller Dinge.» Letzten Endes führt eine gottzentrierte Sicht des Lebens zu einer Ewigkeit mit Gott durch das Geschenk seines einzigen Sohnes, während die säkulare oder gottlose Sicht des Lebens in eine Ewigkeit ohne Gott mündet.

Seit die Bibel in der Sprache des einfachen Volkes verbreitet wurde, ist die Gemeinde interessanterweise in grossen Teilen zu der prämillennialistischen Sicht der Endzeit zurückgekehrt, wie sie in den ersten drei Jahrhunderten von der frühen Gemeinde vertreten wurde. Aber noch immer gibt es heute Menschen, die dazu neigen, den zu 28 Prozent prophetischen Inhalt der Bibel zu vergeistlichen. Sie vertreten die amillennialistische Sicht oder die Vorstellung, dass wir jetzt im Tausendjährigen Reich leben und die Gemeinde Israel in der Endzeit-Prophetie ersetzt hat (auch Substitutionstheologie genannt). Diese Anschauung besagt: Christen sollten die Prophezeiungen über Israel nicht so verstehen, dass sie wortwörtlich an Israel und dem jüdischen Volk erfüllt werden müssen. Auf diese Weise können sie Gottes Verheissungen über Israels Platz im Land ignorieren.

Deshalb spielt Israel heute für viele Menschen keine Rolle im Weltgeschehen. Doch wenn wir in Amerika nicht dem Gebot des Herrn gehorsam sind («von dem Feigenbaum aber lernt das Gleichnis»; Mt 24,32) und Israel nicht segnen, könnten wir Gottes schützende Hand über unserer Nation verlieren und seinen Zorn auf uns ziehen, sodass er den allgegenwärtigen Verfall und die moralische Verdorbenheit in unserer Gesellschaft bestraft. Aus diesen Gründen bitten wir Christen dringend, für eine moralische und geistliche Erweckung in Amerika zu beten und der Nation weiterhin zu dienen. Das ist nötig, um unsere Nation zu retten und ihr zukünftige Segnungen zu garantieren.

Die Bedeutung des Feigenbaums

Mit diesen Gedanken wollen wir uns nun dem Gleichnis vom Feigenbaum zuwenden und herausfinden, in welcher Beziehung es zu Gottes Plänen mit Israel (und unserer Nation!) steht. In diesem Gleichnis werden wir belehrt, Israel als prophetisches Bild der Endzeit-Prophetie zu verstehen. Jesus sagte: «Von dem Feigenbaum aber lernt das Gleichnis: Wenn sein Zweig schon saftig wird und Blätter treibt, so erkennt ihr, dass der Sommer nahe ist» (Mt 24,32).

Das Gleichnis spricht von einem ganz konkreten Zeichen der Endzeit – dem Zeichen der Rückkehr Jesu auf die Erde, um sein Reich aufzurichten. Er reagiert damit auf die Frage der Jünger: «Was wird das Zeichen deiner Wiederkunft sein?» (V. 3). Beachten Sie, dass er nicht die Entrückung der Gemeinde erwähnt. Die Gemeinde nahm ihren Anfang erst mehr als 40 Tage später, als der Heilige Geist auf die Jünger herabkam und sich selbst, Gott den Vater und den Sohn geschlossen repräsentierte (Apg 2,1-47). Die Zeichen, von denen Jesus sprach, hatten mit seiner buchstäblichen Rückkehr auf die Erde und seiner Herrschaft im Tausendjährigen Reich zu tun.

Wir sollten hier festhalten, dass die frühe Gemeinde vor den Augen einer grossen Menschenansammlung in der Stadt Jerusalem gegründet wurde. Als Petrus sagte: «Denn wir sind nicht klug ersonnenen Legenden gefolgt, als wir euch die Macht und Wiederkunft unseres Herrn Jesus Christus wissen liessen, sondern wir sind Augenzeugen seiner herrlichen Majestät gewesen» (2Petr 1,16), konnte dies niemand widerlegen. Deshalb waren er, die anderen Jünger und mindestens 3.000 Neubekehrte Zeugen all der Ereignisse bei der Entstehung der Gemeinde, wo sie die Wunder Jesu, des Messias, und sein Opfer für unsere Sünden bezeugten. Was für eine Glaubwürdigkeit! Das ist ein enormer Beweis für die Wahrheit der Evangeliumsberichte über Tod, Grablegung und Auferstehung Jesu – ein Beweis, der vor jedem objektiven Gericht der Welt bestehen würde.

Kehren wir zum Feigenbaum zurück, den unser Herr in diesem Gleichnis als ein Bild benutzte. Was ist ein Gleichnis? Eine einfache Definition von Bibellehrern lautet: Ein Gleichnis ist eine irdische Geschichte mit einer himmlischen Bedeutung. Auf diese Weise sprachen im Alten Testament mindestens drei hebräische Propheten (Hosea, Joel, Jeremia) von Feigenbäumen. Sie gebrauchten den Feigenbaum als ein Symbol für Israel, ein Symbol, das Gottes zukünftiges Handeln mit dem Volk vorhersagte. Wir wollen uns einmal der Reihe nach anschauen, was diese Propheten zu sagen hatten.

Im Alten Testament

Hosea, der Prophet der immerwährenden Liebe Gottes für Israel

Hosea ist der erste der kleinen Propheten im Alten Testament (ca. 755–710 v.Chr.). Er war der erste alttestamentliche Schreiber, der den Feigenbaum als Symbol für Israel verwendete, und er sagte Gottes unerschütterliche Liebe für Israel voraus. Hosea übte seinen Dienst zu einer Zeit in Israels Geschichte aus, als sich das Volk am Tiefpunkt befand – als die zehn Stämme des Nordreichs aufgrund ihrer Bosheit und Verdorbenheit 722 v.Chr. von den Assyrern in die Gefangenschaft geführt wurden.

Hosea hatte möglicherweise auch einen der ungewöhnlichsten Aufträge von allen Propheten. In Hebräer 13,4 machte Gott deutlich, dass das Ehebett «unbefleckt» sein sollte. Aber Gott wollte, dass Hosea eine Prostituierte heiratete, Kinder mit ihr bekam und ihr vergab, als sie ihm untreu war und er sie aus der Knechtschaft zurückkaufen musste. Wir halten es vielleicht für undenkbar, dass Gott so etwas von Hosea verlangte. Aber es illustriert, dass der Gott, dem Hosea diente, ein vergebender Gott war. Trotz Israels eklatanter Sünden und seiner Untreue gegenüber Gott konnte den Israeliten vergeben werden, sollte das Volk Busse tun und zu ihm zurückkehren. Leider ignorierten sie Gottes Gerichtswarnung und wurden von den Assyrern in die Sklaverei geführt und zerstreut – so, wie Gott es prophezeit hatte.

Aus Hoseas Bericht können wir viele nützliche Lektionen lernen. Aber von besonderem Interesse für uns dürfte Hosea 9,10 sein, wo Gott sagt: «Wie Trauben in der Wüste, so fand ich Israel; wie eine frühreife Frucht am jungen Feigenbaum erblickte ich eure Väter.»

Joel, der Prophet der Endzeit

Joel sprach von der Endzeit als dem «Tag des Herrn» (Joe 2,1). Damit könnte eine Zeit gemeint sein, wenn ein Mensch oder eine Nation vor Gott Rechenschaft ablegen muss. Es kann aber auch als ein Hinweis auf eine zukünftige Gerichtszeit Gottes verstanden werden. Im Allgemeinen ist es ein Ausdruck, der abhängig vom Kontext auf vergangene, gegenwärtige oder zukünftige Ereignisse anwendbar ist. Deshalb muss die Prophetie sorgfältig studiert werden, um bestimmen zu können, welcher Zeitraum mit dem «Tag des Herrn» gemeint ist. Denn Gott macht die Menschen für ihr Handeln verantwortlich – dafür, wie treu sie mit ihren Talenten, ihrer Zeit, ihrem Einfluss und ihren Mitteln umgehen.

Joel lebte mehr als 100 Jahre vor Jesaja. Er diente in Israel zu einer Zeit, als das Volk dem Herrn ungehorsam war. Joels Warnungen und Prophezeiungen in Joel 1,4-6 sprachen von Gottes drohendem Gericht in Form von einer gewaltigen Heuschreckenplage, die das Getreide des Landes verschlingen sollte. Joel rief die Ältesten des Volkes zu einer geistlichen Erweckung auf. Offenbar reichte die Reaktion der beiden Stämme des Südreichs aus, um dem Gericht zu entkommen, das über die zehn nördlichen Stämme kam, als sie von den Assyrern zerstreut wurden.

Danach sprach Joel im Auftrag Gottes direkt zu den beiden südlichen Stämmen: «Meinen Weinstock hat es verwüstet und meinen Feigenbaum kahl gefressen; sogar die Rinde hat es vollständig abgeschält und weggeworfen; weiss geworden sind seine Zweige» (Joe 1,7). Erneut sehen wir, wie der Herr den Feigenbaum als Symbol für Israel benutzt.

Jeremia, der grosse ungewollte Prophet

Jeremia, der allgemein als «der leidende Prophet» bekannt ist, begann seinen 55 Jahre dauernden Dienst 627 v.Chr. Den grössten Teil dieser Zeit war Josia König, ein guter König. Da Jesaja prophezeit hatte, dass Jerusalem wegen der Sünden des Volkes und der Ablehnung Gottes zerstört werden würde, wurde er von seinen eigenen Landsleuten verfolgt. Obwohl Jeremia ein Zeitgenosse Daniels und Hesekiels war, die in die Gefangenschaft nach Babylon geführt wurden, sind sie sich wahrscheinlich nie begegnet, da Jeremia die meiste Zeit seines Lebens in Jerusalem und seine letzten Tage in Ägypten verbrachte, wo er gegen seinen Willen hingebracht wurde.

Von allen alttestamentlichen Propheten sagte Jeremia mehr über den Messias voraus als jeder andere. Er prophezeite, dass Jesus als Mensch kommen und als Gottes Opfer für die Menschen sterben würde. Er sagte auch das zweite Kommen Christi in Macht in den letzten Tagen voraus, um über das zukünftige Reich zu herrschen. Die Tatsache, dass Jeremias Prophezeiungen über das erste Erscheinen Christi erfüllt wurden, garantiert, dass auch seine endzeitlichen Prophezeiungen in Erfüllung gehen werden.

Wir wollen uns einmal anschauen, was Jeremia über den Feigenbaum als Symbol für das Südreich Israel sagte:

> «Der Herr liess mich schauen, und siehe, da standen zwei Körbe mit Feigen vor dem Tempel des Herr – das war, nachdem Nebukadnezar, der König von Babel, den Jechonja, den Sohn Jojakims, den König von Juda, aus Jerusalem gefangen weggeführt und ihn samt den Fürsten Judas und den Schmieden und den Schlossern nach Babel gebracht hatte –: Der eine Korb enthielt sehr gute Feigen, so wie die Frühfeigen; im anderen Korb aber waren sehr schlechte Feigen, die man vor Schlechtigkeit nicht geniessen konnte. Da sprach der Herr zu mir: Jeremia, was siehst du?
>
> Feigen, antwortete ich; die guten Feigen sind sehr gut, und die schlechten Feigen sind sehr schlecht, sodass man sie vor Schlechtigkeit nicht geniessen kann.
> Da erging das Wort des Herrn an mich folgendermassen:

So spricht der Herr, der Gott Israels: Wie diese guten Feigen hier, so will ich die Gefangenen Judas, die ich von diesem Ort weg ins Land der Chaldäer geschickt habe, als gut ansehen; und ich werde mein Auge auf sie richten zum Guten und sie wieder in dieses Land zurückbringen; und ich werde sie bauen und nicht niederreissen, pflanzen und nicht ausreissen; und ich will ihnen ein Herz geben, dass sie mich erkennen sollen, dass ich der Herr bin; und sie sollen mein Volk sein, und ich will ihr Gott sein; denn sie werden sich von ganzem Herzen zu mir bekehren.

Aber wie die schlechten Feigen, die so schlecht sind, dass man sie nicht geniessen kann, so will ich Zedekia, den König von Juda, behandeln, spricht der Herr, und seine Fürsten und den Überrest von Jerusalem, sowohl die, welche in diesem Land übrig geblieben sind, als auch die, welche im Land Ägypten wohnen» (Jer 24,1-8).

In den Versen 9-10 sagt Jeremia weiter:

«Und ich will sie zum Entsetzen, zum Unheil dahingeben in alle Königreiche der Erde, zum Schimpfwort und zum Sprichwort, zur Spottrede und zum Fluch an allen Orten, wohin ich sie verstossen werde; und ich werde gegen sie das Schwert, die Hungersnot und die Pest loslassen, bis sie vollständig aus dem Land vertilgt sind, das ich ihnen und ihren Vätern gegeben habe!»

Das ähnelt der Prophezeiung Jesu über das jüdische Volk in seiner Rede auf dem Ölberg. Das Volk sollte zerstreut werden, aber es wird eine Zeit kommen, in der es zurückkehren wird. Und wie Jesus in Matthäus 24,32 sagte: «Von dem Feigenbaum aber lernt das Gleichnis: Wenn sein Zweig schon saftig wird und Blätter treibt, so erkennt ihr, dass der Sommer nahe ist.» Vergleichen wir diese Stellen miteinander, erkennen wir heute, dass Israel in diesen unruhigen Zeiten in das heilige Land zurückgebracht wurde als ein souveräner Staat. Das lässt deutlich darauf schliessen, dass wir in der «Jahreszeit» der letzten Tage leben, oder wie wir es gerne ausdrücken «in den letzten Tagen der letzten Tage.»

Während seines irdischen Dienstes tat Jesus Christus Wunder, die positive Ergebnisse hervorbrachten. Blinde wurden sehend, Taube konnten hören und alle Arten von Krankheiten wurden geheilt; er heilte sogar zehn Aussätzige auf einmal. Alle diese Wunder bewiesen, dass er die Kraft des allmächtigen Gottes besass.

Nur einmal gebrauchte er seine göttliche Macht, um ein Wunder mit einem negativen Ergebnis zu wirken – als er zu einem Feigenbaum kam und sich an seinen Früchten stärken wollte, was in jener Zeit üblich war, musste er feststellen, dass er keine Feigen trug. Er verfluchte den Feigenbaum, nicht im Zorn, sondern um den Jüngern eine Lektion beizubringen: Wenn Bäume (im Frühling) in der Blüte stehen, ist das ein Hinweis darauf, dass die Saison für Früchte (im Sommer) näher kommt. Das ist auch für uns anwendbar: Wenn wir die Zeichen des Kommens Christi sehen, wissen wir, dass seine Rückkehr nahe ist. Wie Jesus selbst sagte: «Also auch ihr, wenn ihr dies alles seht, so erkennt, dass er nahe vor der Türe ist» (Mt 24,33).

8. DAS WUNDER DER Sammlung Israels IN SEINEM HEIMATLAND

Alles an Israel und dem jüdischen Volk ist voller Wunder. Denken Sie nur an den übernatürlichen Ursprung des Volkes: Alles begann, als eine 90 Jahre alte Frau von einem 99-Jährigen befruchtet wurde, nachdem sie nicht länger fähig waren, Kinder zu zeugen. Und nach 4.000 Jahren existiert das Volk noch immer, während andere Nationen und Völker schon längst verschwunden sind. Im Lauf der Jahrhunderte haben ganze Nationen und Regierungen sie entweder abgelehnt oder versucht, sie auszulöschen. Trotz des anhaltenden teuflischen Hasses und zahlreicher Bemühungen, es zu vernichten, zählt das jüdische Volk heute etwa 14 Millionen Menschen.

Nach dem Zweiten Weltkrieg hatte ich (Tim) während meines letzten Jahres bei der US Air Force in Deutschland den nachhaltigen Eindruck, dass unter Hitler viele Deutsche wirklich dachten, sie wären, verglichen mit den Juden, eine überlegene Menschenrasse. Ein solches Denken führte zu den Schrecken des Holocaust.

Vergeben Sie mir, wenn ich hart klinge, aber ich habe meinen Besuch im Konzentrationslager von Dachau nie vergessen, kurz nachdem Deutschland sich den alliierten Streitkräften ergeben hatte. Der Geruch des Todes lag noch immer in der Luft, und es brach einem das Herz, wenn man an die zahllosen Menschen dachte, die in den Gaskammern ihr Leben verloren hatten.

Zur geschichtlichen Mahnung erliess unser Oberbefehlshaber der alliierten Streitkräfte, General Dwight D. Eisenhower, glücklicherweise unverzüglich die Anweisung, viele Fotos davon zu machen, wie unsere Truppen die Juden aus den nationalsozialistischen Straflagern befreiten. Diese Fotos sind ein unwiderlegbarer Beweis angesichts der Personen, die die Tatsache des Holocausts leugnen. Aber das Leugnen geht nicht nur weiter, es nimmt sogar noch zu! Viele Veteranen des Zweiten Weltkriegs, einschliesslich meiner Person, können die Tatsache bezeugen, dass in diesen Lagern nackte, hungernde und ausgemergelte Menschen inhaftiert waren. Das hat sich für immer in unser Gedächtnis eingebrannt. Ausserdem erinnern wir uns an die erleichterten Gesichter der jüdischen Gefangenen, als sie erkannten, dass das Militärpersonal, das in ihre Gefängnisse kam, nicht von der Gestapo war, die sie vergasen wollte, sondern amerikanische und alliierte Soldaten zu ihrer Befreiung.

Ich glaube, die Rolle unseres Landes bei der Befreiung der Juden am Ende des Zweiten Weltkriegs ist einer der Gründe, warum Gott Amerika segnete und seine Verheissung in 1. Mose 12,1-3 erfüllte – eine Verheissung, die er nie aufgehoben hat! Es gibt noch viele Beispiele für unser Erbarmen und unsere Fürsorge. Auch wenn wir das jüdische Volk nicht immer richtig behandelt haben, hat es von Amerika doch mehr Barmherzigkeit und Segen erfahren als von jedem anderen Land auf der Welt. Wir beten dafür, dass sich das niemals ändert – nicht nur, um weiter Gottes Segen zu empfangen, sondern auch, weil es richtig ist. Wie Gott sagte, er wird die segnen, die Israel segnen, und die verfluchen, die Israel verfluchen.

Obschon der Hass der Welt auf Israel viele Ausdrucksformen hat, liegt der Ursprung letzten Endes beim Teufel. Erinnern Sie sich, was nach der Geburt Jesu geschah? König Herodes gab den Befehl, alle männlichen Kinder in Bethlehem zu töten, die zwei Jahre oder jünger waren (Mt 2,16). Hinter seiner Verschwörung stand der Teufel; er wollte den Plan Gottes vereiteln und den Kreuzestod Jesu verhindern, der den Menschen die Erlösung ermöglichen sollte. Die Zeitalter hindurch versuchte der Teufel wiederholt, Gottes Pläne zu durchkreuzen. Die blosse Tatsache, dass Israel heute als Nation existiert, bestätigt, dass Gottes Plan noch immer auf dem Weg ist – eine Tatsache, die dem Teufel unendlich missfällt.

Wenn wir heute Antisemitismus sehen – die Art, die die arabischen Nationen dazu inspiriert, Israel auszulöschen, oder die europäische Staaten veranlasst wegzusehen, wenn das jüdische Volk verfolgt wird –, können wir sicher sein, dass der Teufel dahintersteckt.

Das erstaunliche, 1800 Jahre anhaltende Wetterphänomen eines Rabbis

Rabbi Menachem Kohen, ein Gelehrter für alttestamentliche Prophezeiungen und die zusätzlichen Prophezeiungen der mündlich überlieferten Thora, die die Zeitalter hindurch ebenso sorgfältig erhalten geblieben sind, schrieb ein erstaunliches Buch mit dem Titel *Prophecies for the Era of Muslim Terror* (Prophezeiungen für die Ära des muslimischen Terrors), das im Jahr 2000 veröffentlicht wurde. In diesem Buch spricht er darüber, wie die Juden, nachdem die römische Armee Jerusalem und den Tempel zerstört hatte, aus den meisten Teilen des heiligen Landes vertrieben und in der ganzen Welt zerstreut wurden.

Der Rabbi behauptet, das jüdische Volk sei zwei Mal auf wundersame Weise in sein Land zurückgekehrt – zum ersten Mal nach der babylonischen Gefangenschaft (eine Zerstreuung, die in 5. Mose 28,38.63-64 vorhergesagt wurde), und ein zweites Mal im 20. Jahrhundert bis heute, etwa 1.800 Jahre nach ihrer Zerstreuung in alle Welt. Vor der zweiten Rückkehr waren nur wenige Juden im Land verblieben, das Palästina genannt wurde, um die Juden zu ärgern. Das Land, in dem einst Milch und Honig floss, wurde zu einer Wüste, weil es fast 2000 Jahre oder, wie der Rabbi sagte, 660.000 Tage an Regen mangelte. Damit meinte er einen Zeitraum von mehr als 1.800 Jahren. Sogar der berühmte Autor Mark Twain, der das heilige Land 1867 besuchte, kam zu dieser Einschätzung: «Der israelische Boden ist reich genug, aber leider völlig dem Unkraut überlassen ... nur Trostlosigkeit hier ... Jerusalem ist ohne Leben. Ich wollte hier nicht leben.»[1]

Das Wunder daran ist, dass der Zeitpunkt, als die Regenmengen im Land Palästina weniger wurden, in dasselbe Jahrhundert fällt wie der Anfang der Rückkehr der Juden in ihre Heimat. Langsam kam in den Herzen der vertriebenen Juden in aller Welt der Wunsch auf, in ihr Land zurückzukehren, und ihre Zahl hat in den letzten Jahrzehnten noch weiter zugenommen. Ihre Rückkehr erfüllte Gottes Prophezeiung aus Amos 9,14-15: «Und ich will das Geschick meines Volkes Israel wenden ... Und ich werde sie einpflanzen in ihr Land; und sie sollen aus ihrem Land, das ich ihnen gegeben habe, nicht mehr herausgerissen werden!»

Die Höhepunkte der Rückkehr Israels

Unser verstorbener Kollege und Freund Dr. James Combs gehörte zu den vier Bibelgelehrten, die bei der Herstellung der *LaHaye Prophecy Study Bible* mitwirkten. Sein Artikel «Israel in zwei Jahrhunderten» handelte von diesem Zeitraum:

> Die Wiederherstellung Israels, die zu einem goldenen Zeitalter des Segens führt, ist ein wichtiges Thema in der Schrift. Keine Stelle verdeutlicht den Prozess anschaulicher als Hesekiel 37.
>
> Die Vision von den verdorrten Gebeinen als dem «ganzen Haus Israel» hat fünf Phasen: 1) die verdorrten Gebeine

liegen verstreut herum (V. 2); 2) die Knochen kommen zusammen, werden mit Bindegewebe überzogen und mit Fleisch bedeckt (V. 7-8); 3) der Wind haucht diesen Körpern Atem ein (V. 9-10); 4) es findet auch eine geistliche Wiederherstellung statt (V. 24-28); und 5) «David», gemeint ist Jesus Christus, die «Wurzel und der Spross Davids» (Offb 22,16), wird über das Volk herrschen.[2]

Ohne ein Datum zu nennen, wann sich dies erfüllen wird, beschreibt diese Stelle Israels Wiederaufleben im 19. und 20. Jahrhundert. Es scheint, als würde Gottes Wiederherstellungsprogramm vorankommen. Dr. Combs weist auf die folgenden Höhepunkte aus diesen beiden Jahrhunderten hin:

1814 – Der presbyterianische Pastor John MacDonald begann in Albany, New York, über biblische Prophetie und Israels Wiederherstellung zu predigen und weckte so Interesse an der wörtlichen Auslegung der alttestamentlichen Prophezeiungen über Israel.

1878 – W. E. Blackstones Buch *Jesus Is Coming* wurde veröffentlicht. Es prophezeit und unterstützt die Rückkehr der Juden, um die Prophezeiung zu erfüllen.

1881–1900 – Die Erste Alija (was Aufstieg [oder Rückkehr] bedeutet) bestand aus ca. 30.000 in Russland verfolgten Juden, die nach Palästina zogen.

1897 – Der Erste Zionistische Weltkongress kam im schweizerischen Basel zusammen und nahm den Zionismus als Programm an. Seine Aussage war: «Das Ziel des Zionismus ist die Schaffung einer durch das öffentliche Recht garantierten Heimstätte für das jüdische Volk in Palästina.»

1904–1914 – Die Zweite Alija führte dazu, dass 32.000 verfolgte russische Juden nach Palästina auswanderten.

1917 – In einem Auszug der Balfour-Deklaration heisst es: «Die Regierung seiner Majestät befürwortet die Errichtung einer nationalen Heimstätte für das jüdische Volk in Palästina.»

1924–1939 – Während der Dritten Alija zogen 78.000 polnische Juden nach Palästina.

1933–1939 – Während der Vierten Alija flohen 230.000 Juden vor der Verfolgung in Deutschland und Mitteleuropa.

1940–1948 – Bei der Fünften Alija entkamen 95.000 Juden aus Mitteleuropa. Viele Juden blieben in Europa, und mehr als sechs Millionen wurden während des Holocausts von Adolf Hitler und Nazi-Deutschland umgebracht.

1948 – Die jüdische Verwaltung, aus der der neue Staat Israel werden sollte, erklärte die staatliche Unabhängigkeit. Am 14. Mai 1948 gab die US-Regierung unter Präsident Harry Truman folgende Mitteilung bekannt: «Die Vereinigten Staaten erkennen die Übergangsregierung als die Defacto-Autorität des neuen Staates Israel an.»

1967 – Der von einer arabischen Invasion ausgelöste Sechstagekrieg führte dazu, dass Israel Jerusalem und das Westjordanland eroberte.

1973 – Ein weiterer arabischer Angriff wurde von Israel erfolgreich abgewehrt [bekannt als Jom-Kippur-Krieg].
1978–2000 – Ägypten erkennt Israel an; Anfang der ara-

bisch-palästinensischen Widerstandsbewegung; Verhandlungen, Abkommen und Spannungen gehen weiter.[3]

Während ich dies hier schreibe, befindet sich der letzte Punkt auf Dr. Combs Liste weiterhin im Prozess.

Es scheint, als wären die verdorrten Gebeine in diesem Zeitraum zusammengekommen, um eine lebendige Nation zu bilden, einen der mächtigsten kleinen Staaten der Erde. Aber die vollständige geistliche Erweckung steht noch bevor, wenn echtes Leben in die Menschen kommt, wie es Hesekiel 37 vorhersagte.

Intervention im Interesse Israels

Ein Schlüsseldatum bei der Rückkehr Israels in das verheissene Land ist der 14. Mai 1948, als Präsident Harry Truman einen Brief unterzeichnete, der den neuen Staat Israel und seine Regierung offiziell anerkannte. Zu den weniger bekannten Dingen über Präsident Truman zählt, dass er in einem christlichen Haus aufwuchs. Als junger Mann war er ein eifriger Leser, und er sagte einmal, bis zu seinem zwölften Lebensjahr hätte er die Bibel zwei Mal durchgelesen.

Es war ein Akt göttlicher Vorsehung, dass Gott Israel und den Vereinigten Staaten seinen Segen gab, indem er diesen Senator aus Missouri zum Präsidenten machte und ihn seine Macht ausüben liess. Als Franklin D. Roosevelt sich entschloss, für eine bis dahin noch nie da gewesene vierte Amtszeit zu kandidieren, plante er mit seinem damaligen Vizepräsidenten Henry Wallace auf dieser Position. Eine Reihe von einflussreichen Mitgliedern der Demokratischen Partei war mit Wallace aber nicht einverstanden, und so kam es, dass Truman nach einigen politischen Winkelzügen an Stelle von Wallace nominiert wurde. Im November 1944 wählte die Nation schliesslich Roosevelt und Truman. Drei Monate später starb Roosevelt, und plötzlich wurde Harry Truman zum neuen Präsidenten der Vereinigten Staaten.

Truman war nicht der einzige Präsident, der Israel unterstützte, als es von seinen Feinden angegriffen wurde. 1973 starteten mehrere arabische Nationen einen Überraschungsangriff auf Israel an seinem hochheiligen Jom-Kippur-Tag. Da viele israelische Militäroffiziere und Soldaten Urlaub hatten und zu Hause waren, war die Nation anfangs fast wehrlos. Zunächst musste Israel grosse Verluste hinnehmen, aber Präsident Nixon kam dem Land schnell zur Hilfe. Er richtete eine Notluftbrücke ein, über die Israel mit Vorräten und Waffen versorgt wurde. Schliesslich war Israel in der Lage, die Angreifer zurückzudrängen, und Gott rettete die Nation ein weiteres Mal vor einem arabischen Bündnis, das die Juden ins Meer treiben wollte. Wir glauben, dass Gott Amerika segnete, weil es Israel in diesem entscheidenden Augenblick half.

Über Nixon heisst es angeblich, seine Mutter, die in der Bibel las, habe ihm gesagt, er würde eines Tages die Gelegenheit bekommen, etwas für das jüdische Volk zu tun.

Freund oder Feind Israels?

Es ist wunderbar zu sehen, wie Gott Völker segnet, die Israel unterstützen.

Ein Beispiel dafür stammt aus unserer Gemeinde in den frühen 1970er-Jahren, als die Vereinigten Staaten Israel im Jom-Kippur-Krieg zur Seite standen. Die Gemeinde in San Diego, der ich (Tim) als Pastor diente, wuchs schnell, und wir unterhielten drei Gottesdienste am Morgen und zwei am Abend, um den Menschenmengen gerecht zu werden. Al Mills, ein junger Ingenieur aus unserer Gemeinde, lud einen Arbeitskollegen ein, als ich gerade über die wundersamen Wege predigte, auf denen Gott biblische Prophezeiungen in unserer Zeit erfüllt. Er kam zu zwei oder drei Gottesdiensten, nach denen er uns trotz seiner Achtung für seinen Arbeitskollegen für verrückt hielt.

Kurz darauf musste er berufsbedingt an die Ostküste ziehen – gerade zu diesem Zeitpunkt griffen die arabischen Nationen Israel an. Die Medien hatten vorausgesagt, dass die Kämpfe Israel in die

Knie zwingen würden, weil der kleine Staat vollkommen unterlegen war. Der junge Zweifler – und ich glaube, das war Gottes Vorsehung – wurde krank und musste zu Hause bleiben, während alle Nachrichtensender über diesen Angriff berichteten. Die Dinge standen nicht gut für Israel – es sah nicht danach aus, als hätte es auch nur die geringste Überlebenschance.

Doch was anfangs nach einer sicheren Niederlage für Israel aussah, wurde zu einer übernatürlichen Bewahrung. Dieser junge Mann war ein ehemaliger Marineoffizier, und was er im Fernsehen sah, überzeugte ihn davon, dass es tatsächlich einen Gott im Himmel gibt, der auf Israel aufpasst. Und er wurde auch von der Botschaft des Evangeliums, die er in unserer Gemeinde gehört hatte, überzeugt – von dem Grund für das Kommen Jesu auf die Erde und dass Gott das Opfer seines Sohnes für Sünden angenommen hat, sodass Menschen errettet werden können. Daraufhin nahm dieser Mann Christus als seinen Erlöser an und öffnete ihm sein Herz.

Ein paar Tage später schrieb er mir einen wunderbaren Brief, in dem er sich für meine Predigt über Gott und seinen Heilsplan bedankte. Er sagte, er habe den Namen des Herrn angerufen, um errettet zu werden. Viele von uns, die für ihn gebetet hatten, freuten sich, und eines Tages werden wir ihn im Himmel wiedersehen.

Wir glauben, das ist die Art von Segen, die Gott einem Volk gibt, das Israel segnet.

Im Gegensatz dazu kehrte Grossbritannien Israel den Rücken zu und hielt seine Abmachung nicht ein, dem jüdischen Volk bei der Gründung einer Heimstätte zu helfen. Als es an der Zeit war, das ehemals zum Osmanischen Reich gehörende Land aufzuteilen, wurden aus verschiedenen Gründen grössere Gebiete den Arabern gegeben. Letzten Endes kapitulierte Grossbritannien vor den Forderungen der Araber hinsichtlich der Aufteilung des Landes.

Zu jener Zeit befand sich Grossbritanniens territorialer Einfluss auf seinem Höhepunkt. Vielleicht haben Sie schon einmal von dem bekannten Sprichwort gehört: «Die Sonne geht nie unter über dem britischen Empire.» Das traf einmal zu. Aber nachdem Grossbritannien die Araber Israel vorgezogen hatte, bedeutete das den Niedergang des britischen Empires, und daran hat sich bis heute nichts geändert. Man stellt sich zwangsläufig die Frage, ob das mit Grossbritanniens Verrat an Israel zu tun hat. Die Nation hatte sich auf die Seite der Feinde Israels geschlagen, und dafür hat Gott keinen Segen verheissen. Wie Gott in 1. Mose 12,3 sagte: «Ich will segnen, die dich segnen, und verfluchen, die dich verfluchen.»

Wir glauben, dass der geistliche, moralische und wirtschaftliche Niedergang Grossbritanniens weitgehend auf den Einfluss von Kirchengegnern zurückzuführen ist, die viel Kontrolle über das Bildungssystem, die Staatskirche und die Medien haben. Und die Regierung hat sich nicht hinter Israel gestellt, als sie die Gelegenheit dazu bekam – so hat sie Gottes Segen über ihrer Nation verwirkt. Wir beten, dass die Vereinigten Staaten nicht ihrem Beispiel folgen. Wenn doch, können wir aufgrund der Verheissung Gottes aus 1. Mose 12,3 erwarten, dass die Lebensqualität in Amerika drastisch sinken wird.

Ein wichtiger Hinweis auf den Zeitpunkt

Unser Herr sagte: «Von dem Feigenbaum aber lernt das Gleichnis: Wenn sein Zweig schon saftig wird und Blätter treibt, so erkennt ihr, dass der Sommer nahe ist» (Mt 24,32). Die kleine Nation Israel – das von Gott ausgewählte «Symbol des Feigenbaums» – wurde nach und nach von Juden aus der ganzen Welt bevölkert. Das bedeutet, wir sind der Endzeit sehr nahe, so wie sie von den alt- und neutestamentlichen Propheten und Jesus Christus in seiner Rede auf dem Ölberg vorhergesagt wurde. Ausserdem ist die Menschheit zum ersten Mal in der Lage, sich komplett selbst zu vernichten. Aber das wird nicht passieren. Woher wir das wissen? Erstens ist Jesus noch nicht zurückgekommen, um seine Gemeinde in den Himmel zu entrücken (1Thes 4,13-18). Zweitens wird die Welt noch die siebenjährige Drangsalszeit zu durchstehen haben (Offb

4–19). Und danach wird Jesus sein Tausendjähriges Friedensreich auf der Erde aufrichten. Selbst die übelsten Terroristen oder der grösste Diktator werden die Menschheit nicht auslöschen können. Gott wird dies nicht zulassen. Er allein verkündigt «von Anfang an das Ende» (Jes 46,10).

Die Tatsache, dass die Menschheit imstande ist, sich selbst zu vernichten, sollte uns keine Angst machen. Vielmehr sollten wir ein Herz für die Verlorenen haben. Wir wissen nicht, wie viel Zeit noch bleibt, bevor uns der Herr bei der Entrückung nach Hause holt. Wie er in Johannes 14,1-3 sagte:

> «Euer Herz erschrecke nicht! Glaubt an Gott und glaubt an mich! Im Haus meines Vaters sind viele Wohnungen; wenn nicht, so hätte ich es euch gesagt. Ich gehe hin, um euch eine Stätte zu bereiten. Und wenn ich hingehe und euch eine Stätte bereite, so komme ich wieder und werde euch zu mir nehmen, damit auch ihr seid, wo ich bin.»

Diese Verse heben die Tatsache hervor, dass wir jederzeit darauf gefasst sein sollten, dem majestätischen Ruf Jesu Christi bei der Entrückung zu folgen. Er ist schliesslich der Schöpfer, der Gott des Himmels und der Erde, und alles, was er tut, geschieht nach seinem vollkommenen Zeitplan.

Haggais Prophezeiung

Als Gott das Volk Israel ins verheissene Land führte, floss dort Milch und Honig. Interessanterweise gab es eine Zeit, als Gott das Wetter veränderte und in dieser Region wüstenähnliche Bedingungen herrschten. Nach der babylonischen Gefangenschaft gestattete das medo-persische Reich den Israeliten, in Frieden in ihr Land zurückzukehren. Nach ihrer Ankunft bauten die Menschen Häuser für sich selbst. Mit der Zeit kehrte Routine ein. Aber sie vernachlässigten den Wiederaufbau des Tempels Gottes, das Zentrum ihres geistlichen Lebens. Gott hatte sie zurück in ihr Land geführt, aber das Volk hatte Gott vergessen. Wegen dieser schwerwiegenden Unterlassungssünde brachte Haggai, ein wichtiger Prophet in jener Zeit, dem Volk Gottes Gerichtsbotschaft:

> «Ihr habt viel erwartet, doch siehe, es wurde wenig daraus; und brachtet ihr es heim, so blies ich es weg! Warum das? So spricht der Herr der Heerscharen: Um meines Hauses willen, das in Trümmern liegt, während jeder von euch eilt, um für sein eigenes Haus zu sorgen! Darum hat der Himmel über euch seinen Tau zurückgehalten, und die Erde hat ihren Ertrag zurückgehalten. Und ich habe die Dürre gerufen über das Land und über die Berge, über Korn, Most und Öl und über alles, was der Erdboden hervorbringt, auch über Menschen und Vieh und über alle Arbeit der Hände» (Hag 1,9-11).

Gott hat hier zwei Botschaften: 1) Gott richtet uns für unsere Sünden, einschliesslich unserer Unterlassungssünden, oder für Dinge, die wir nicht tun; und 2) er ist dennoch bei uns, auch wenn wir gesündigt haben. Durch sein Gericht will er uns zu sich zurückbringen. Interessanterweise fordert Gott den Statthalter von Juda und den Hohenpriester nur ein paar Verse später auf: «Aber nun sei stark ... und alles Volk des Landes, seid stark ... und arbeitet! Denn ich bin mit euch» (Hag 2,4). Obwohl er sie richtete, war er bei ihnen.

Das erinnert an Paulus' ermutigende Worte im Neuen Testament: «Im Übrigen, meine Brüder, seid stark in dem Herrn und in der Macht seiner Stärke. Zieht die ganze Waffenrüstung Gottes an, damit ihr standhalten könnt gegenüber den listigen Kunstgriffen des Teufels» (Eph 6,10-11). Uns wird Gottes Hilfe zugesichert, wenn wir sie brauchen. Als er uns den grossen Missionsbefehl gab, sagte Jesus: «Ich bin bei euch»:

> «Mir ist gegeben alle Macht im Himmel und auf Erden. So geht nun hin und macht zu Jüngern alle Völker, und tauft

sie auf den Namen des Vaters und des Sohnes und des Heiligen Geistes und lehrt sie alles halten, was ich euch befohlen habe. Und siehe, ich bin bei euch alle Tage bis an das Ende der Weltzeit!» (Mt 28,18-20).

Diese Verheissung wurde nie zurückgenommen. Ebenso wenig hat Gott seine Verheissung, das jüdische Volk wieder zu sammeln, widerrufen. Wie Rabbi Menachem Kohen beobachtete, wurde das Volk seit dem Jahr 70 n.Chr., als die römische Armee Jerusalem und den Tempel zerstörte, bis ins späte 19. Jahrhundert oder ca. 660.000 Tage lang zerstreut, und das Land erlebte dürreähnliche Bedingungen mit wenig oder keinem Regen, wie Haggai sie beschrieb. Mark Twain berichtete von den Bedingungen im Land, als er 1867 dort zu Besuch war. Doch seit dem späten 19. Jahrhundert haben die Menschen begonnen, zurückzukehren und das Gleichnis vom Feigenbaum nach und nach zu erfüllen. Während des 20. Jahrhunderts bis heute wurde das Land stark bevölkert und gibt seinen Ertrag her. Die Rückkehr der Juden aus aller Welt ereignet sich genau so, wie die Bibel es prophezeit hat.

Selbst die grössten Skeptiker des Wortes Gottes können sehen, dass in unserer Zeit etwas von grosser Bedeutung geschieht. Die Zahl der in Israel lebenden Juden beträgt heute mehr als 6 Millionen Menschen, etwas weniger als die Hälfte aller Juden weltweit (14 Millionen). Heute ist das Land Israel das landwirtschaftlich ertragreichste Gebiet im ganzen Nahen Osten. Die enorme Arbeitsmoral und die wissenschaftlichen, geistigen, erfinderischen und kreativen Fähigkeiten des jüdischen Volkes haben es zu einem Segen für die Nationen der Welt gemacht, auch wenn viele dies nicht wahrhaben wollen. Zu ihnen gehören auch Israels muslimische Nachbarstaaten – sie sind so sehr von ihrem übermässigen Hass auf die Juden erfüllt, dass sie ihnen sogar das Existenzrecht in dem Land absprechen, das Gott ihnen vor 4.000 Jahren gegeben hat, das Land, das die Bibel «das Land Israel» nennt (Hes 11,17).

9. DIE triumphale Rückkehr DES MESSIAS ISRAELS

Wir haben über die Entrückung gesprochen und die vielen Gerichte, die während der siebenjährigen Drangsalszeit stattfinden werden. Aber wann wird Christus auf die Erde zurückkehren? Zu welchem Zeitpunkt wird er in Herrlichkeit erscheinen?

Für Christen ist das zweite Kommen Christi das am meisten erwartete Ereignis in der Weltgeschichte. Die «Erscheinung der Herrlichkeit» (Tit 2,13) ist die endgültige Erfüllung der verheissenen Rückkehr Christi. Wenn er zurückkommt, wird man über seine Ansprüche oder seine Botschaft nicht diskutieren müssen. Die Ankunft des Königs wird alle Spekulationen beenden und eine noch nie da gewesene Zeit einleiten, in der er von seinen Nachfolgern angebetet wird.

Die Schilderung seines Erscheinens in Herrlichkeit in Offenbarung 19 gehört zu den dramatischsten Kapiteln in der Bibel. Sie steht wie ein Ausrufezeichen am Ende des Erlösungswerkes Christi. In Offenbarung 19 kommt Jesus Christus auf die Erde zurück, um seine Feinde zu vernichten und sein Reich zu gründen. Dann werden die vielen noch zukünftigen Prophezeiungen über seine Herrschaft endlich erfüllt.

Die Ereignisse der Erscheinung der Herrlichkeit

Um es ganz klar zu sagen: Sein Erscheinen in Herrlichkeit ist nicht nur ein einzelnes, sondern vielmehr eine Reihe von Ereignissen, die am Ende der siebenjährigen Drangsalszeit stattfinden werden. Die folgenden Punkte scheinen die in der ganzen Schrift verteilten Prophezeiungen für diese Zeit am besten darzustellen:

1. Es geschieht direkt nach der Drangsalszeit (Mt 24,29).
2. Sonne, Mond und Sterne werden kosmische Phänomene aufweisen (Mt 24,29).
3. Das Zeichen des Menschensohnes am Himmel wird von jedem gesehen werden (Mt 24,30), und Christus wird seine Auserwählten versammeln (V. 31).
4. Der Himmel wird sich öffnen und Christus wird auf einem weissen Pferd erscheinen (Offb 19,11).
5. Die Heere des Himmels werden Christus folgen (Offb 19,14), bereit zum Gericht über die Gottlosen (Jud 1,4-15).
6. Christus wird mit grosser Macht und Herrlichkeit kommen (Mt 24,30).
7. Christus wird auf dem Ölberg stehen (Sach 14,3-5).
8. Die Ungläubigen werden zittern, weil sie nicht bereit sind (Mt 24,30).
9. Das Tier (der Antichrist) und seine Armeen werden sich Christus zum Kampf stellen (Offb 19,19).
10. Christus wird das Tier und den falschen Propheten in den Feuersee werfen (Offb 19,20).
11. Die Menschen, die Christus abgelehnt haben, werden getötet (Offb 19,21).
12. Der Teufel wird für 1000 Jahre in den Abgrund geworfen (Offb 20,1-3).
13. Die Gläubigen des Alten Testaments und die aus der Drangsalszeit werden auferweckt (Mt 24,31; Offb 20,4).
14. Christus wird die Nationen richten und sein Reich gründen (Mt 25).

Sind die Entrückung und das Erscheinen Christi in Herrlichkeit dasselbe oder zwei verschiedene Ereignisse?

Die Rückkehr Christi besteht aus zwei Phasen: der Entrückung, bei der die Gemeinde vor der Drangsalszeit in den Himmel genommen wird, und der eigentlichen Rückkehr, bei der Christus und die Gemeinde triumphierend auf die Erde kommen werden. Dass es zwei Phasen sind, wird ganz deutlich, wenn wir uns die mindestens 15 Unterschiede bei der Beschreibung des Kommens Christi ansehen, die sich nicht in einem einzigen Ereignis unterbringen lassen.

Die 15 Unterschiede zwischen der Entrückung und der Erscheinung der Herrlichkeit

Entrückung/ glückselige Hoffnung	Die Erscheinung der Herrlichkeit
1. Christus erscheint in der Luft für die Seinen	1. Christus kommt mit den Seinen auf die Erde
2. Alle Christen werden entrückt	2. Niemand wird entrückt
3. Christen werden ins Vaterhaus gebracht	3. Die auferweckten Gläubigen sehen das Vaterhaus nicht
4. Kein Gericht auf der Erde	4. Christus richtet die Bewohner der Erde
5. Die Gemeinde wird in den Himmel geführt	5. Christus richtet sein irdisches Reich auf

Entrückung/ glückselige Hoffnung	Die Erscheinung der Herrlichkeit
6. Könnte jederzeit stattfinden	6. Kann frühestens in 7 Jahren stattfinden
7. Keine Zeichen	7. Viele Zeichen für das physische Kommen Christi
8. Nur für Gläubige	8. Betrifft die ganze Menschheit
9. Zeit der Freude	9. Zeit des Klagens
10. Vor dem «Tag des Zorns» (Drangsalszeit)	10. Direkt nach der Drangsalszeit (Mt 24)
11. Der Teufel wird nicht erwähnt	11. Der Teufel wird 1000 Jahre im Abgrund gebunden
12. Der Richterstuhl Christi	12. Weder Zeit noch Ort für den Richterstuhl
13. Die Hochzeit des Lammes	13. Seine Braut kommt mit ihm herab
14. Nur die Seinen sehen ihn	14. Jedes Auge wird ihn sehen
15. Beginn der Drangsalszeit	15. Beginn der tausendjährigen Herrschaft Christi

Quelle: Essential Guide to Bible Prophecy (Eugene, OR: Harvest House, 2006/2012), S. 53-54.

Die Entrückung kann jederzeit stattfinden, da sie das nächste Ereignis in Gottes prophetischem Zeitplan ist. Die Erscheinung der Herrlichkeit Jesu Christi wird erst am Ende der Drangsalszeit geschehen. Christus sprach über diese Zeit in Matthäus 24, eine Passage, die wir uns in diesem Buch bereits angesehen haben. Direkt vor seiner Kreuzigung fragten ihn die Jünger: «Was wird das Zeichen deiner Wiederkunft und des Endes der Weltzeit sein?» (Mt 24,3). Als Antwort gab unser Herr: «Bald aber nach der Drangsal jener Tage ... werden die Kräfte des Himmels erschüttert. Und dann wird das Zeichen des Menschensohnes am Himmel erscheinen, und dann werden sich alle Geschlechter der Erde an die Brust schlagen, und sie werden den Sohn des Menschen kommen sehen auf den Wolken des Himmels mit grosser Kraft und Herrlichkeit» (Mt 24,29-30).

Als Jesus die Flure der Zeit entlang auf das Ende des gegenwärtigen Zeitalters blickte, warnte er vor einer Zeit grosser Drangsal, die über die ganze Erde kommen würde (Mt 24,5-28). Unser Herr erklärte weiter, dass die Zerstörung so weitreichend sein wird, dass «kein Fleisch gerettet werden würde», würden jene Tage nicht verkürzt (Mt 24,22). Jesus beschrieb diesen zukünftigen Tag als eine Zeit, in der Sonne und Mond verdunkelt «und die Kräfte des Himmels erschüttert werden» (Mt 24,29). Seine Beschreibung ähnelt der in Offenbarung 16,1-16, wo geschildert wird, dass in der letzten Stunde der Drangsalszeit die Atmosphäre verdunkelt und Luft und Umwelt verpestet würden.

Die Rückkehr Christi wird sowohl die völlige Niederlage des Antichristen als auch den totalen Triumph Christi markieren. Ohne Christus gibt es keine Hoffnung auf eine bessere Zukunft. Er ist die zentrale Figur auf der Welt. Es ist sein Reich, und alle Gläubigen in ihm werden prophetisch als «die Braut Christi» bezeichnet.

Die Verheissung der Rückkehr Christi

Jesus hatte seinen Jüngern im Obersaal verheissen, dass er in den Himmel gehen und ihnen einen Ort bereiten würde.

Anschliessend sagte er: «Und wenn ich hingehe und euch eine Stätte bereite, so komme ich wieder und werde euch zu mir nehmen, damit auch ihr seid, wo ich bin» (Joh 14,3). Obwohl auch die frühen Jünger irgendwann starben, verheisst die Bibel: «Siehe, ich sage euch ein Geheimnis: Wir werden zwar nicht alle entschlafen [sterben], wir werden aber alle verwandelt [auferweckt oder entrückt] werden, plötzlich, in einem Augenblick, zur Zeit der letzten Posaune; denn die Posaune wird erschallen, und die Toten werden auferweckt werden unverweslich, und wir werden verwandelt werden» (1Kor 15,51-52).

In 1. Thessalonicher 4,13-17 wiederholte der Apostel diese Hoffnung, als er über die Gläubigen, die bereits gestorben und in den Himmel gekommen sind, sagte:

> «Denn wenn wir glauben, dass Jesus gestorben und auferstanden ist, so wird Gott auch die Entschlafenen [Verstorbenen] durch Jesus mit ihm führen. ... Denn der Herr selbst wird, wenn der Befehl ergeht und die Stimme des Erzengels und die Posaune Gottes erschallt, vom Himmel herabkommen, und die Toten in Christus werden zuerst auferstehen. Danach werden wir, die wir leben und übrig bleiben, zusammen mit ihnen entrückt werden in Wolken, zur Begegnung mit dem Herrn, in die Luft ...» (V. 14-17).

Dass er für die Gemeinde (die Gläubigen aus der Zeit der Gemeinde) zurückkommen wird, ist eine Verheissung auf die Entrückung. Die Verheissung Jesu, persönlich und physisch zurückzukommen, um seine Gemeinde in den Himmel zu holen, garantiert diese Tatsache! Am Anfang von Offenbarung 19 befindet sich die Gemeinde bereits im Himmel mit Christus und feiert das Hochzeitsmahl des Lammes. Zu diesem Zeitpunkt hat die Entrückung schon stattgefunden. Jesus wird als Bräutigam dargestellt und die Gemeinde als Braut. Nach der Entrückung und noch vor ihrer Rückkehr auf die Erde wird beim Hochzeitsmahl ihre Vereinigung gefeiert.

Jene, die nicht an die Entrückung der Gemeinde glauben, haben ein Problem zu erklären, wie die Gemeinde vor dem zweiten Kommen Christi in den Himmel gelangt ist. Sicherlich sind sie nicht alle als Märtyrer gestorben, ansonsten hätte Paulus nicht sagen können: «Wir, die wir leben und bis zur Wiederkunft des Herrn übrig bleiben» (1Thes 4,15). Wir müssen voraussetzen, dass die Entrückung vor dem Geschehen in Offenbarung 19 stattfindet – das gilt auch für Amillennialisten und Postmillennialisten!

Dass sich die Gemeinde (die Braut des Lammes) in Offenbarung 19,7-10 im Himmel befindet, ist entscheidend für die Auslegung der ganzen Apokalypse. Die Gemeinde wird während der Gerichte (Siegel, Posaunen und Schalen) nicht erwähnt, weil sie nicht auf der Erde ist, wenn diese Gerichte ausgeschüttet werden. Der Begriff «Gemeinde» (Gr. *ekklesia*) kommt in Offenbarung 1–3 häufig vor (19 Mal). Aber dann finden wir ihn erst wieder in Offenbarung 22,16 – und der Grund dafür ist, dass sie nicht auf der Erde ist. In der Zwischenzeit taucht die Gemeinde in Offenbarung 19,7-10 als die Braut des Lammes auf.

Das Konzept der Gemeinde als der Braut oder Frau Christi wird deutlich in Epheser 5,25-26 beschrieben, wo die Ehemänner ermahnt werden, ihre Frauen so zu lieben, wie Christus die Gemeinde geliebt und sich selbst für sie hingegeben hat, um sie im Himmel als eine herrliche Braut präsentieren zu können. Daher kann es keinen Zweifel geben, dass Johannes in der Offenbarung mit der «Frau» des Lammes die Gemeinde meint – die Braut Christi. Das schliesst natürlich alle ein, die den gekreuzigten Christus angenommen haben – sowohl Juden als auch Nicht-Juden.

Das Wesen der Rückkehr Christi

Jesus hat nicht nur verheissen, für seine Gemeinde zurückzukommen, sondern auch, um die Welt zu richten und sein Reich auf der Erde zu gründen. Sein Halbbruder Jakobus bezeichnete Gläubige als die «Erben des Reiches, das er denen verheissen hat, die ihn lieben» (Jak 2,5). Jesus selbst sagte seinen Jüngern, dass er nach dem letzten Mahl erst wieder von der Frucht des Weinstocks trinken würde, wenn er mit ihnen im Reich seines Vaters ist (Mt 26,29). Nach der Auferstehung fragten die Jünger Jesus: «Herr, stellst du in dieser Zeit für Israel die Königsherrschaft wieder her?» (Apg 1,6). Jesus erwiderte, dass die Zeit in der Hand des Vaters steht. Alle diese Hinweise lassen auf ein zukünftiges Reich bei der Rückkehr Christi schliessen.

Über die Rückkehr Christi wissen wir folgende Details:

Er wird persönlich zurückkehren. Die Bibel sagt: «Der Herr selbst wird ... vom Himmel herabkommen» (1Thes 4,16). Jesus hat verheissen, persönlich zurückzukommen (Mt 24,30).

Er wird als der Sohn des Menschen erscheinen. Seit Pfingsten dient Christus durch den Heiligen Geist (Joh 14,16-23; 16,7-20). Aber wenn er auf die Erde zurückkommt, wird er als der Sohn des Menschen in seiner verherrlichten menschlichen Gestalt erscheinen (Mt 24,30; 26,64; s. auch Dan 7,13-14).

Er wird buchstäblich und sichtbar zurückkehren. In Apostelgeschichte 1,11 gaben die Engel die Verheissung: «Dieser Jesus, der von euch weg in den Himmel aufgenommen worden ist, wird in derselben Weise wiederkommen.» In Offenbarung 1,7 lesen wir: «Jedes Auge wird ihn sehen, auch die, welche ihn durchstochen haben; und es werden sich seinetwegen an die Brust schlagen alle Geschlechter der Erde!» An keiner Stelle der Schrift wird angedeutet, dass das zweite Kommen Christi mit grosser Kraft und Herrlichkeit nicht sichtbar und physisch sein wird. Bei der Rückkehr Christi werden alle Ungläubigen auf der Erde Zeuge sein. Vertreter des Präterismus, die behaupten, Christus sei bereits zurückgekehrt, können keinen Zeitpunkt in der Vergangenheit nennen, wo jemand dies bezeugen konnte.

Er wird plötzlich und auf dramatische Weise kommen. Paulus warnte: «Der Tag des Herrn wird so kommen wie ein Dieb in der Nacht» (1Thes 5,2). Jesus sagte: «Denn wie der Blitz vom Osten ausfährt und bis zum Westen scheint, so wird auch die Wiederkunft des Menschensohnes sein» (Mt 24,27).

Er wird auf den Wolken des Himmels erscheinen. Jesus sagte: «Sie werden den Sohn des Menschen kommen sehen auf den Wolken des Himmels» (Mt 24,30). Daniel 7,13 sagt dasselbe voraus – ebenso wie Lukas 21,27. In Offenbarung 1,7 heisst es: «Siehe, er kommt mit den Wolken.»

Er wird in Herrlichkeit kommen. Matthäus 16,27 verheisst: «Der Sohn des Menschen wird in der Herrlichkeit seines Vaters ... kommen.» Matthäus 24,30 fügt hinzu: «Sie werden den Sohn des Menschen kommen sehen ... mit grosser Kraft und Herrlichkeit.»

Er wird mit allen seinen Engeln erscheinen. Jesus hat verheissen, er würde «seine Engel aussenden mit starkem Posaunenschall» (Mt 24,31). In einem seiner Gleichnisse sagte er: «Die Schnitter sind die Engel ... so wird es sein am Ende dieser Weltzeit» (Mt 13,39-40).

Er wird mit seiner Braut, der Gemeinde, kommen. Genau das sagt Offenbarung 19. Kolosser 3,4 fügt hinzu: «Wenn der Christus ... offenbar werden wird, dann werdet auch ihr mit ihm offenbar werden in Herrlichkeit.» In Sacharja 14,5 lesen wir: «Dann wird der Herr, mein Gott, kommen, und alle Heiligen mit dir!»

Er wird auf den Ölberg zurückkehren. «Und seine Füsse werden an jenem Tag auf dem Ölberg stehen» (Sach 14,4). Die Herrlichkeit Gottes wird an dem Ort zurückkehren, an dem sie in den Himmel aufgestiegen ist (Hes 11,23). Wo Jesus in den Himmel aufstieg, wird er zurückkehren (Apg 1,9-11).

Er wird triumphierend und siegreich zurückkehren. Sacharja 14,9 sagt: «Und der Herr wird König sein über die ganze Erde.» In Offenbarung 19,16 wird er als der «König der Könige und Herr der Herren» bezeichnet. Er wird triumphieren über den Antichristen, den falschen Propheten und den Teufel (Offb 19,19-21).

Offenbarung 19 beginnt mit einem himmlischen Chor «einer grossen Volksmenge», die zum Lob Gottes singen (V. 1). Sie sprudeln über vor Lobpreis, weil der Gerechtigkeit endlich genüge getan wurde. «Denn wahrhaftig und gerecht sind seine Gerichte», singen sie, «denn er hat die grosse Hure gerichtet» (V. 2). In den Versen 1-6 bricht der Chor dann in ein vierfaches Hallelujah aus:

> «Hallelujah! Das Heil und die Herrlichkeit und die Ehre und die Macht gehören dem Herrn, unserem Gott!» (V. 1). «Hallelujah! Und ihr Rauch steigt auf von Ewigkeit zu Ewigkeit» (V. 3).
>
> Sie «beteten Gott an, der auf dem Thron sass, und sprachen: Amen! Hallelujah!» (V. 4).
>
> «Hallelujah! Denn der Herr, Gott, der Allmächtige, hat die Königsherrschaft angetreten!» (V. 6).

Die Hochzeit nach der Rückkehr Christi

Die Hochzeit des Lammes wird plötzlich und dramatisch angekündigt. Gerade so, als würde schliesslich eintreffen, worauf wir die ganze Zeit gewartet haben. Die Hochzeit fängt endlich an. Johannes sieht dies eindeutig als ein zukünftiges (nicht vergangenes) Ereignis. Heute ist die Gemeinde die versprochene Braut Christi, aber unsere Hochzeit mit ihm liegt noch in der Zukunft.

Daher können wir nicht sagen, dass die Hochzeit schon stattgefunden hat. Der Apostel Paulus schrieb: «Denn ich habe euch einem Mann verlobt, um euch als eine keusche Jungfrau Christus zuzuführen» (2Kor 11,2). Ausserdem sagte er, dass «Christus die Gemeinde geliebt hat und sich selbst für sie hingegeben hat, ... damit er sie sich selbst darstelle als eine Gemeinde, die herrlich sei, sodass sie weder Flecken noch Runzeln noch etwas Ähnliches habe, sondern dass sie heilig und tadellos sei» (Eph 5,25-27).

Das Neue Testament sagt, dass die Gemeinde gegenwärtig mit Christus verlobt ist. Wir warten noch auf den «Richterstuhl des Christus» (2Kor 5,10), voraussichtlich nach der Entrückung und vor dem Hochzeitsmahl des Lammes. Die Hochzeitszeremonie an sich wird im Himmel erfolgen, während auf der Erde die Drangsalszeit herrscht.

Während Offenbarung 19 Christus symbolisch als das Lamm darstellt (V. 7), kommt das Bild der Hochzeit deutlich zum Ausdruck. Der Aorist von «ist gekommen» (Gr. *elthen*) zeigt eine abgeschlossene Handlung an, was bedeutet, dass die Hochzeit jetzt vollzogen ist. Statt der üblichen jüdischen Hochzeitszeremonie von sieben Tagen dauert diese vermutlich sieben Jahre (die ganze Drangsalszeit hindurch). Die Hochzeit wird im Himmel vollzogen (Offb 19,7), aber das Hochzeitsmahl findet wahrscheinlich später auf der Erde statt, wo Israel die Rückkehr Christi und der Gemeinde erwartet.

Nur so lassen sich der Bräutigam (Christus), die Braut (die Gemeinde) und die zehn Jungfrauen (Israel) in Matthäus 25,1-3 unterscheiden. Es besteht nicht die Möglichkeit, dass er kommt, um alle zehn (oder fünf) dieser Frauen zu heiraten. Sie sind die Hochzeitsgäste (die Gläubigen des Alten Testaments und die aus der Drangsalszeit). Nur die Gemeinde ist die Braut. Deshalb konnte Jesus über Johannes den Täufer sagen, dass es keinen «grösseren Propheten» (alttestamentlichen Gläubigen) gibt, aber «der Kleinste im Reich Gottes [aus der neutestamentlichen Gemeinde] grösser ist als er» (Lk 7,28).

Der Triumph der Rückkehr Christi

Das Bild der Rückkehr Christi in Offenbarung 19,11-16 gehört zu den dramatischsten Stellen in der ganzen Bibel! In diesen sechs Versen sehen wir die triumphale Prozession der Erlösten, wie sie dem König der Könige und dem Herrn der Herren folgen. Allein in dieser einzelnen Stelle werden alle Hoffnungen und Träume jedes Gläubigen letztlich in vollem Umfang wahr. Es ist nicht der Umzug am Palmsonntag mit dem demütigen Messias auf einem jungen

Esel. Es ist die endgültige eschatologische Erfüllung. Der verworfene Erlöser kehrt triumphierend zurück als der rechtmässige König der ganzen Welt – und wir sind bei ihm.

Der triumphierende Erlöser wird als ein König dargestellt, der seine Armee zum Sieg führt. Der Kontext der Stelle beinhaltet die letzte Phase der in Offenbarung 16,17-21 begonnenen siebten Gerichtsschale und reicht von den Details in 17,1–18,24 bis zu Kapitel 19.

In Offenbarung 19,11 öffnet sich der Himmel und offenbart Christus, dem das Heer der Erlösten folgt. Dass sie weiss gekleidet sind (Offb 19,14), entspricht der zuvor erwähnten Kleidung der Braut (V. 8). An dieser Stelle erscheint die Braut als das Heer des Messias. Aber im Gegensatz zu zeitgenössischen apokalyptischen Schriften jener Zeit (wie z.B. die Kriegsschriftrolle der Qumransekte) wird der Sieg ohne militärische Unterstützung seitens seiner Treuen errungen. Dieses Heer hat keine Waffen, keine Schwerter, keine Schilde, keine Rüstung. Sie sind nur mit der «Gerechtigkeit der Heiligen» bekleidet (V. 8). Sie sind nicht zum Kämpfen gekommen, sondern um zu beobachten. Sie sind nicht gekommen, um zu helfen, sondern um zu feiern. Der Messias und König wird kämpfen. Er allein wird die Schlacht mit der Kraft seines gesprochenen Wortes gewinnen.

Die Beschreibung des kommenden Königs kombiniert symbolische Elemente aus verschiedenen Bibelstellen und aus anderen Bildern des auferstandenen Christus im Buch der Offenbarung. Hier sind die Details seines Erscheinens:

1. Er wird der Treue und Wahrhaftige genannt (Offb 3,14)
2. Er richtet und führt Krieg in Gerechtigkeit (2Thes 1,7-8).
3. Seine Augen sind wie eine Feuerflamme (Offb 1,14).
4. Er trägt viele Kronen (Offb 4,10).
5. Sein Name ist unbekannt – ein wunderbares Geheimnis (Ri 13,18; Jes 9,5).
6. Er ist mit einem in Blut getauchten Gewand bekleidet (Jes 63,1-6).
7. Sein Name ist das Wort Gottes (Joh 1,1).
8. In seinem Mund befindet sich ein scharfes Schwert (Offb 19,15).

9. Er herrscht mit eisernem Zepter (Ps 2,9).
10. Er tritt die Weinkelter des Zornes Gottes (Jes 63,1-6; Offb 14,14-20).
11. Sein geschriebener Name ist: König der Könige und Herr der Herren (Dan 2,47; Offb 17,14).

Es kann keinen Zweifel geben, dass der Reiter auf dem weissen Pferd in Offenbarung 19,11-16 Jesus Christus ist. Wie der Apostel Paulus prophezeite, kommt er «in flammendem Feuer, wenn er Vergeltung üben wird an denen, die Gott nicht anerkennen ... Diese werden Strafe erleiden, ewiges Verderben ... an jenem Tag, wenn Er kommen wird, um verherrlicht zu werden in seinen Heiligen und bewundert in denen, die glauben ...» (2Thes 1,8-10).

Das ist der wahre Christus (der Messias), nicht der unrechtmässige (der Antichrist). Er reitet auf dem weissen Pferd der Eroberung, und sein Sieg ist sicher. Seine Grösse liegt in den geistlichen Qualitäten seiner Person: Er ist treu, wahrhaftig und gerecht. Seine Augen aus Feuer durchdringen unsere Sündhaftigkeit und decken unsere geistliche Unzulänglichkeit auf. Seine «vielen Kronen» hat er wahrscheinlich von den Erlösten empfangen, die sie ihm aus Anbetung zu Füssen werfen werden (Offb 4,10). Seine vielen Kronen übertreffen bei weitem die sieben Kronen des Drachen und die zehn des Tieres (Offb 12,3; 13,1). Sein unbekannter Name ist ein Geheimnis oder «wunderbar» (s. Ri 13,18; Jes 9,6). Er ist Gott selbst – der Jahwe des Alten Testaments. Er ist der Ich Bin, dessen Name «über allen Namen ist» (Phil 2,9).

Johannes möchte, dass wir ganz sicher sind, wen er meint, deshalb nennt er Jesus bei seinem Lieblingsnamen: das Wort (Gr. *logos*) Gottes (s. Joh 1,1). Christus ist die Selbst-Enthüllung des Allmächtigen. Er ist die persönliche Offenbarung Gottes an die Menschen. Er ist das persönliche Wort und ebenso der Verfasser des geschriebenen Wortes. Der Offenbarte ist der Offenbarer der Offenbarung: Jesus Christus.

Wenn der Erlöser zurückkommt, wird er vom Himmel mit seiner Braut an seiner Seite erscheinen. Die kämpfende Gemeinde wird die triumphierende Gemeinde sein. Die Tage ihres Kampfes, ihrer

Ablehnung und Verfolgung sind dann vorüber. Sie wird siegreich mit ihrem Krieger, König und Ehemann zurückkehren.

Jeder echte Gläubige, der die Prophezeiung der triumphalen Rückkehr Christi in Offenbarung 19,11-16 liest, sollte von ihrer Bedeutung überwältigt sein. Stellen Sie sich das einmal vor: Wenn er aus der Herrlichkeit zurückkehrt, werden wir zusammen mit ihm diesem himmlischen Heer angehören. Wenn Sie Christ sind, können Sie sich das Wort «Heere» in Offenbarung 19,14 einkreisen und am Rand ihren Namen dazuschreiben, denn Sie werden dabei sein, wenn er zurückkommt!

Das Schicksal der Gläubigen ist nun völlig geklärt. Zu unserer zukünftigen Hoffnung gehört: 1) die Entrückung, 2) die Rückkehr Christi und 3) die Herrschaft Christi. Die Gemeinde muss vor der Hochzeit des Lammes und ihrer Rückkehr aus dem Himmel mit Christus in den Himmel entrückt werden. Bei der Entrückung werden wir in den Himmel hinaufgeführt. Bei der Rückkehr Christi werden wir zurück auf die Erde kommen. Und im Tausendjährigen Reich werden wir zusammen mit Christus 1000 Jahre auf der Erde regieren (Offb 20,4).

Die Autorität des Königs der Könige

In Offenbarung 19,15 lesen wir: «Und aus seinem Mund geht ein scharfes Schwert hervor, damit er die Heidenvölker mit ihm schlage, und er wird sie mit eisernem Stab weiden ...» Christus wird siegreich zurückkehren und seine Feinde niederstrecken. Sein Erscheinen in Herrlichkeit mit seinem himmlischen Heer wird nicht nur der Feindschaft des Teufels, seines Antichristen, des falschen Propheten und von Millionen von verführten Menschen ein Ende setzen, es wird auch die gerechte Herrschaft Christi auf Erden einleiten. Diese Tatsache macht der Name, der Christus in Vers 16 gegeben wird, ganz deutlich: «König der Könige und Herr der Herren.»

Ein Krieger zieht mit seinem Schwert an der Seite in den Kampf; das Schwert Christi wird sein gesprochenes Wort sein. Das Wort, das die Welt ins Dasein rief, wird die Führer der Menschheit und die

Armeen aller Staaten unter seine Kontrolle bringen. Und Christus Jesus, der lebendige Herr, wird an diesem Tag als der eingeführt, der er in Wirklichkeit ist: König über alle Könige, Herr über alle Herren. Der Prophet Sacharja drückte es am besten aus: «Und der Herr wird König sein über die ganze Erde. An jenem Tag wird der Herr der einzige sein und sein Name der einzige» (Sach 14,9). Amen!

10. DAS zukünftige Tausendjährige REICH

Das Erscheinen Jesu Christi in Herrlichkeit als Messias Israels wird die Zeit einleiten, die in der biblischen Prophetie als das Tausendjährige Reich bekannt ist. Offenbarung 20,1-6 beschreibt diesen 1000 Jahre umfassenden Zeitraum wie folgt:

> Und ich sah einen Engel aus dem Himmel herabsteigen, der hatte den Schlüssel des Abgrundes und eine grosse Kette in seiner Hand. Und er ergriff den Drachen, die alte Schlange, die der Teufel und der Satan ist, und band ihn für 1.000 Jahre und warf ihn in den Abgrund und schloss ihn ein und versiegelte über ihm, damit er die Völker nicht mehr verführen kann, bis die 1.000 Jahre vollendet sind. Und nach diesen muss er für kurze Zeit losgelassen werden.
> Und ich sah Throne, und sie setzten sich darauf, und das Gericht wurde ihnen übergeben; und ich sah die Seelen derer, die enthauptet worden waren um des Zeugnisses Jesu und um des Wortes Gottes willen, und die das Tier nicht angebetet hatten, noch sein Bild, und das Malzeichen we-

der auf ihre Stirn noch auf ihre Hand angenommen hatten; und sie wurden lebendig und regierten die 1.000 Jahre mit Christus. Die Übrigen der Toten aber wurden nicht wieder lebendig, bis die 1.000 Jahre vollendet waren. Dies ist die erste Auferstehung. Glückselig und heilig ist, wer Anteil hat an der ersten Auferstehung! Über diese hat der zweite Tod keine Macht, sondern sie werden Priester Gottes und des Christus sein und mit ihm regieren 1.000 Jahre. (Hervorhebung durch die Autoren)

Wie lange wird dieses Reich bestehen? In der Bibel gibt es nur ein Kapitel, das diese Information enthält, und das ist Offenbarung 20. In den ersten sieben Versen kommt der Ausdruck «1.000 Jahre» sechs Mal vor. Insbesondere Vers 6 sagt: «Glückselig und heilig ist, wer Anteil hat an der ersten Auferstehung! Über diese hat der zweite Tod keine Macht, sondern sie werden Priester Gottes und des Christus sein und mit ihm regieren 1.000 Jahre.»

Im ganzen Alten und Neuen Testament finden sich zahlreiche Anspielungen auf das Reich Christi, die seit langem erwartete Zeit, in der der Herr Jesus selbst auf der Erde herrschen wird. Es gehört zu den häufiger erwähnten Themen in der Bibel. Zur Beschreibung dieses Zeitraums wurden viele Namen verwendet: das Zeitalter des Reiches Christi, das Zeitalter des Friedens, die Herrschaft Christi und das Tausendjährige Reich. Es darf nicht mit dem ewigen himmlischen Bereich verwechselt werden, denn dieses vorübergehende Reich wird eine irdische Zeit des Friedens bringen, nach der sich die Menschheit schon immer gesehnt hat.

Im Lauf der Jahrhunderte scheiterte jeder Plan des Menschen, eine utopische Welt zu errichten. Warum? Dafür gibt es zwei Gründe: Erstens hat der Mensch ein sündiges und moralisch degeneriertes Herz und kann keine friedliche Welt schaffen, ganz gleich, wie sehr er es auch versucht. Zweitens wird es immer Krieg geben, solange sich der Teufel auf der Erde frei bewegen kann. Er verführt die Menschen nicht nur, er hasst sie auch und bringt Nationen gegeneinander auf. Die starke Zunahme von Kriegen, selbst in dieser Zeit der Vereinten Nationen, ist ein Beweis dafür, dass der Versuch des Menschen, den Frieden sicherzustellen, immer fehlschlagen wird. Die Vereinten Nationen wurden ins Leben gerufen, um dazu beizutragen, Kriege dauerhaft zu verhindern. Doch seit ihrer Gründung gab es mehr Kriege und Blutvergiessen als in jedem vergleichbaren Zeitraum in der Weltgeschichte.

Als Jesus seine Nachfolger in Matthäus 6,10 lehrte, sie sollen «Dein Reich komme» beten, dachte er insbesondere an das Tausendjährige Reich. Es wird gewiss das wunderbarste Reich in der ganzen Menschheitsgeschichte sein – ein Reich, in dem Jesus, der gesalbte König, die Nationen zu seinem Erbe haben wird (Ps 2,8), «der Wolf bei dem Lämmlein wohnen wird» (Jes 11,6) und «die Erde erfüllt sein wird von der Erkenntnis des Herrn» (Jes 11,9).

Das Tausendjährige Reich verstehen

Das Wort *Millennium* ist ein lateinischer Begriff, der «tausend Jahre» bedeutet. Trotz der vielen biblischen Anspielungen auf die tausendjährige Herrschaft Christi sowie der Tatsache, dass Christen eine wichtige Rolle in diesem Reich spielen werden, wissen die meisten Gläubigen nur sehr wenig über diesen entscheidenden Zeitraum in der Zukunft unseres Planeten. Bevor wir mehr über dieses Reich erfahren, wollen wir uns zunächst drei wichtige Sichtweisen anschauen, die die Menschen in der Geschichte über das Tausendjährige Reich vertreten haben.

Der *Prämillennialismus* vertritt den Standpunkt, dass das zweite Kommen Christi, bei dem er sein irdisches Reich aufrichten wird, vor dem tausendjährigen Zeitalter stattfinden wird. Diese Sicht wird von nahezu allen Bibelgelehrten akzeptiert, die die Schrift, wo möglich, wörtlich verstehen.

In seinem meisterhaften Buch *Dispensational Truth* (Dispensationalistische Wahrheit) führt Dr. Clarence Larkin folgende Beweise an:

Ansichten über das Tausendjährige Reich

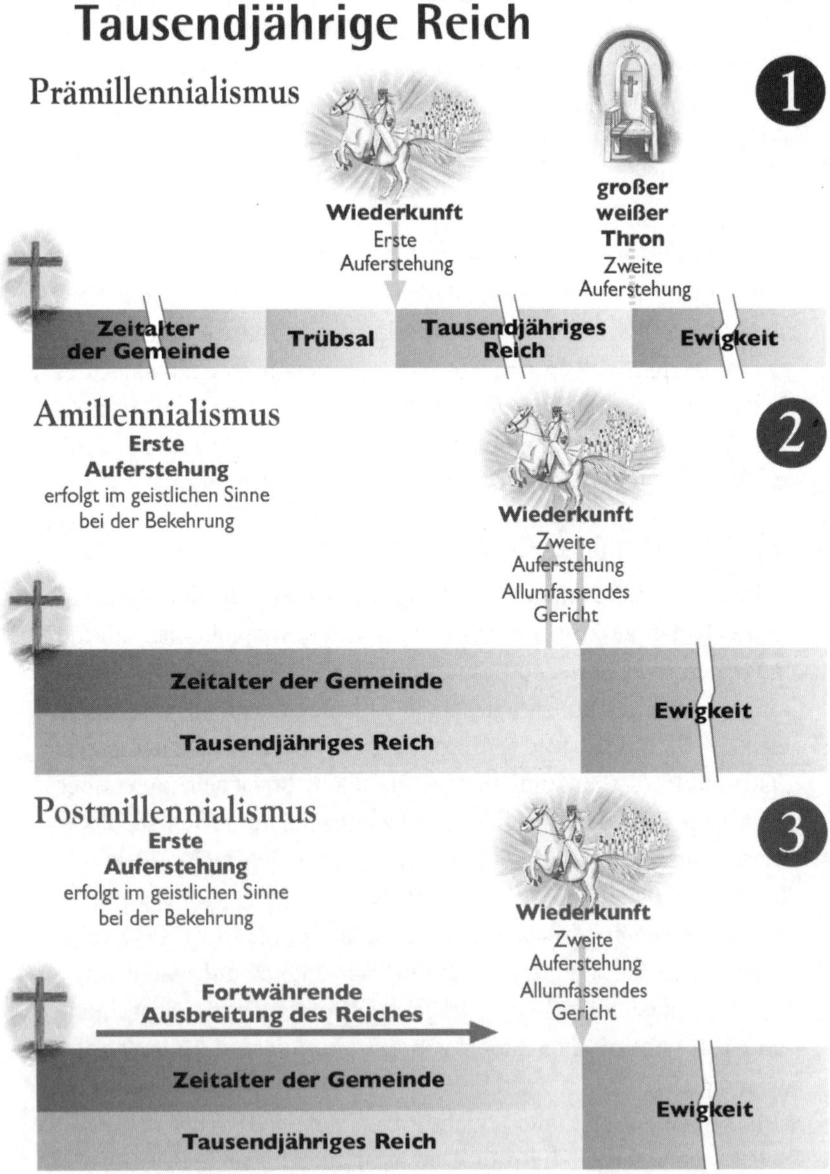

«1. Nach seiner Rückkehr auf die Erde wird Christus die in der Drangsalszeit gestorbenen Gläubigen auferwecken, damit sie während seiner tausendjährigen Herrschaft zusammen mit ihm regieren können – folglich kann es vor dem Kommen Christi kein Tausendjähriges Reich geben (Offb 20,4-5).

2. Nach seiner Rückkehr wird Christus das ‹Unkraut› vom ‹Weizen› trennen, da das Tausendjährige Reich aber eine Zeit allgemein verbreiteter Gerechtigkeit ist, muss die Trennung von ‹Unkraut› und ‹Weizen› vorher stattfinden. Deshalb kann es vor der physischen Rückkehr Christi auf die Erde kein Tausendjähriges Reich geben (Mt 13,40-43).

3. Wenn Christus zurückkommt, wird der Teufel gebunden werden, da dies aber am Anfang des Tausendjährigen Reiches geschehen wird, kann das Tausendjährige Reich erst nach der Rückkehr Christi beginnen (Offb 20,1-3).

4. Nach der Rückkehr Christi wird der Antichrist vernichtet, da dieser aber vor dem Tausendjährigen Reich auftritt, kann das Tausendjährige Reich erst nach der Rückkehr Christi beginnen (2Thes 2,8; Offb 19,20).

5. Wenn Christus zurückkehrt, werden die Juden in ihrem Land wiederhergestellt, da dies aber vor dem Tausendjährigen Reich stattfinden wird, kann das Reich erst nach der Rückkehr Christi beginnen (Hes 36,24-28; Offb 1,7; Sach 12,10).

6. Die Rückkehr Christi wird unerwartet sein, und wir werden zur Wachsamkeit aufgefordert, damit er uns nicht überrascht. Würde er also nicht vor dem Tausendjährigen Reich kommen, und dieses Reich ist heute noch nicht angebrochen, warum werden wir dann aufgefordert, nach einem

Ereignis Ausschau zu halten, das noch über 1000 Jahre auf sich warten lässt?»[1]

Andere glauben, die Welt würde mit der Zeit mehr und mehr «christianisiert», und als Folge würde das Reich Christi eingeleitet. Laut dieser Sichtweise kehrt Jesus am Ende des Tausendjährigen Reiches auf eine bereits gerechte Erde zurück. Dieser Standpunkt ist als *Postmillennialismus* bekannt.

Eine dritte Sicht, der *Amillennialismus*, vertritt die nicht-wörtliche oder vergeistlichte Auslegung der Schrift und versucht, das kommende Tausendjährige Reich wegzuallegorisieren. Der amillennialistische Plan sieht keine Erwartung einer buchstäblichen Herrschaft Christi auf Erden vor.

Die frühen Christen waren zweifellos Prämillennialisten. Die Jünger und die, die von ihnen belehrt wurden, erwarteten noch zu Lebzeiten die Rückkehr Christi und die Aufrichtung seines Reiches auf Erden. Kritiker der prämillennialistischen Sicht behaupten, dass es eine relativ neue Theorie sei, aber in Wahrheit war der Prämillennialismus der vorherrschende Standpunkt in den ersten drei Jahrhunderten der frühen Gemeinde.

Prämillennialisten glauben, dass die Entrückung, die Drangsalszeit und das Erscheinen Christi in Herrlichkeit vor dem Beginn des Tausendjährigen Reiches stattfinden werden. In dieser Zeit wird der Teufel für 1000 Jahre gebunden werden und auf der Erde wird ein theokratisches Friedensreich mit Jesus als dem König folgen. Laut Offenbarung 20 werden die Gerechten vor dem Tausendjährigen Reich bereits aus den Toten auferweckt sein (bei der Entrückung) und mit Christus in seinem Reich herrschen.

Verwirrung über das Tausendjährige Reich

Gegen Ende des 3. Jahrhunderts nach Christus begann die Allegorisierung der Schrift in die Theologie einzudringen. Die Philosophie ersetzte das Studium der Schrift, und der Prämillennialismus geriet zusammen mit vielen anderen wichtigen biblischen Lehren (wie der Errettung aus Gnade) in Verruf. Erst nach der Reformation im 16. Jahrhundert kam das prämillennialistische Gedankengut wieder auf. Mit Beginn des 20. Jahrhunderts schossen überall in Amerika Bibelinstitute und christliche Colleges aus dem Boden, in denen eine solide, wörtliche Bibelauslegung gelehrt wurde, und mit ihr kehrte man zum Prämillennialismus zurück. Trotz anhaltender Attacken ist der Prämillennialismus heute die dominierende aller drei millennialistischen Sichtweisen.

Mehrere Prophetiegelehrte, die das prämillennialistische Kommen Christi vertreten (wie z.B. Thomas Ice), weisen zudem darauf hin, dass Prämillennialisten eine starke Kraft innerhalb der evangelikalen Gemeinde waren, als es darum ging, für das biblisch zugesicherte Recht Israels auf eine Rückkehr in sein Heimatland einzutreten – genau das Land, das die Vereinten Nationen 1948 als den souveränen Staat Israel anerkannten. Daher ist es schwer verständlich, wie – zu diesem späten Zeitpunkt im Plan Gottes für sein auserwähltes Volk – einige jüngere Evangelikale der Irrlehre erliegen konnten, dass dieses Land die Heimat der Palästinenser ist, die keine ethnische Gruppe, sondern Araber sind. Die meisten dieser Araber sind ausgesprochen antisemitisch eingestellt und fest entschlossen, Israel völlig zu vernichten. Bevor sie ihr Vorhaben aber ausführen können, müssen sie die Zustimmung der Vereinten Nationen und vor allem der evangelikalen Christen in dieser Organisation bekommen. Wir beten dafür, dass dies niemals geschehen wird!

Der Amillennialismus vertritt die Sicht, dass es nach dem zweiten Kommen Christi kein buchstäbliches Reich auf der Erde geben wird. Er neigt zur Vergeistlichung und Allegorisierung aller Prophezeiungen über das Tausendjährige Reich, und noch zu erfüllende Prophezeiungen in Bezug auf Israel werden stattdessen der Gemeinde zugeschrieben. Amillennialisten glauben auch, dass der Teufel beim ersten Kommen Christi auf die Erde vor 2.000 Jahren gebunden wurde, ein Argument, das sich kaum aufrechterhalten lässt, berücksichtigt man den gegenwärtigen Zustand unserer Welt und Petrus' Aussage, dass «der Teufel wie ein brüllender Löwe umhergeht» (1Petr 5,8).

Ausserdem sind sich Amillennialisten nicht sicher, ob das Tausendjährige Reich seine Erfüllung zurzeit auf Erden findet oder es von den Heiligen im Himmel erfüllt wird. Sie neigen jedoch übereinstimmend zu der Ansicht, dass unsere aktuellen Zustände wahrscheinlich so gut sind, wie die Welt nur sein kann, und dass der ewige Bereich, nicht das Tausendjährige Reich, direkt auf das zweite Kommen Christi folgen wird. In Bezug auf das Binden des Teufels und die tausendjährige Herrschaft Christi auf Erden geben sich Vertreter dieser Sichtweise alle Mühe, die einfache und offensichtliche wörtliche Auslegung der Schrift zu umgehen (Offb 20,2-7).

Der Postmillennialismus ist der Ansicht, dass die Welt weiterhin besser und besser wird, bis die ganze Erde christianisiert ist; dann wird Christus in ein Reich zurückkommen, in dem schon Frieden herrscht. Obwohl diese Sicht am Anfang des 20. Jahrhunderts ziemlich populär war, ist sie in Folge der beiden Weltkriege, der grossen Weltwirtschaftskrise und der Eskalation des moralisch Bösen in unserer Gesellschaft nahezu ausgestorben. Vertreter des Präterismus unternehmen den entschlossenen Versuch, die postmillennialistische Theorie wiederzubeleben, ohne jedoch Fortschritte zu machen, in erster Linie weil die meisten einfachen Christen, die die Bibel lesen, sie wörtlich nehmen. Und wenn man die biblische Prophetie wörtlich nimmt, wird deutlich, dass die Welt vor dem Tausendjährigen Reich immer schlechter und nicht besser wird.

Die prämillennialistische Hoffnung

Der prämillennialistischen Sicht zufolge wird die Entrückung der Gemeinde, an die sich die Drangsalszeit und das Erscheinen Jesu in Herrlichkeit anschliessen, vor der Aufrichtung des Tausendjährigen

Reiches Christi geschehen. Der Prophet Jesaja sagte voraus:

> «Denn ein Kind ist uns geboren, ein Sohn ist uns gegeben; und die Herrschaft ruht auf seiner Schulter; und man nennt seinen Namen: Wunderbarer, Ratgeber, starker Gott, Ewig-Vater, Friedefürst. Die Mehrung der Herrschaft und der Friede werden kein Ende haben ...» (Jes 9,5-6).

Während sich der erste Teil dieser Prophezeiung beim ersten Kommen Christi auf die Erde erfüllte, ist der zweite Teil noch nicht eingetreten. Zu keiner Zeit lag die Herrschaft auf den Schultern Jesu, als er vor 2.000 Jahren hier war, ebenso wenig gab es bisher eine weltweite Friedensherrschaft. Dieses Reich wird kommen, wenn unser Herr bei seinem zweiten Kommen auf die Erde zurückkehrt und seine tausendjährige irdische Herrschaft aufrichtet (Offb 5,10).

Viele Befürworter einer Eine-Welt-Regierung glauben heute, dass die einzige Hoffnung auf Weltfrieden in unserer Zeit in einem Weltherrscher liegt. Vom biblischen Standpunkt aus betrachtet, ist kein rein menschliches Wesen in der Lage, eine solche Position auszufüllen. Die Geschichte hat immer wieder neu bewiesen, dass Macht den Menschen verdirbt und uneingeschränkte Macht ihn total verdirbt. Würde ein Mensch die Rolle eines Weltherrschers einnehmen (was in der schrecklichen Drangsalszeit vor dem Beginn des Tausendjährigen Reiches auch vorübergehend der Fall sein wird), würde zwangsläufig alles zugrunde gehen. Die Erde verlangt nach einem heiligen, liebevollen und gnädigen Führer, der alle Menschen gleich behandelt. Jesus Christus allein ist für diese Aufgabe qualifiziert, und bis er kommt, wird die Welt nie echten Frieden kennen lernen.

Wie wird das Tausendjährige Reich beginnen?

Nach den letzten Gerichten am Ende der siebenjährigen Drangsalszeit wird der Herr für alle sichtbar am Himmel erscheinen. Die Engel und seine Braut, die Gemeinde, werden ihn begleiten: «Siehe, er kommt mit den Wolken, und jedes Auge wird ihn sehen, auch die, welche ihn durchstochen haben; und es werden sich seinetwegen an die Brust schlagen alle Geschlechter der Erde!» (Offb 1,7).

Die herrliche Erscheinung Jesu Christi in den Wolken wird den Beginn des tausendjährigen Zeitalters markieren. Zu diesem Zeitpunkt wird die Schlacht von Harmagedon enden, der Antichrist in den Feuersee geworfen und der Teufel während des Tausendjährigen Reiches gebunden werden. Ausserdem wird Jesus die Überlebenden der Drangsalszeit in zwei Gruppen einteilen:

> «Wenn aber der Sohn des Menschen in seiner Herrlichkeit kommen wird und alle heiligen Engel mit ihm, dann wird er auf dem Thron seiner Herrlichkeit sitzen, und vor ihm werden alle *Heidenvölker* versammelt werden. Und er wird sie voneinander scheiden, wie ein Hirte die Schafe von den Böcken scheidet, und er wird die Schafe zu seiner Rechten stellen, die Böcke aber zu seiner Linken. Dann wird der König denen zu seiner Rechten sagen: Kommt her, ihr Gesegneten meines Vaters, und *erbt das Reich*, das euch bereitet ist seit Grundlegung der Welt!» (Mt 25,31-34; Hervorhebung durch die Autoren).

Die hier erwähnten «Böcke» sind Millionen von unerretteten und ungläubigen Anhängern des Antichristen, die das Zeichen des Tieres annahmen und in der Drangsalszeit Juden verfolgten und Christen töteten. Sie werden umgehend in die Hölle geworfen. Die «Schafe» sind jene Menschen aus den Nationen, die das Zeichen nicht annahmen und Juden in dieser Zeit Beistand und Schutz gewährten. Diese überlebenden Juden und Nicht-Juden werden mit ihrem natürlichen Körper in das Tausendjährige Reich eingehen und die Erde während der 1.000 Jahre umfassenden Herrschaft Christi wieder bevölkern.

Die andere Gruppe von Menschen, die im Tausendjährigen Reich auf der Erde leben werden, sind die in ihren unsterblichen Auferstehungskörpern. Das schliesst jeden ein, der bei der Entrückung einen neuen Körper empfangen hat, und ebenso die Gläubigen aus der Drangsalszeit, die beim Erscheinen Christi auferweckt werden. Es ist durchaus wahrscheinlich, dass auch die Gläubigen aus den Nationen dazuzählen werden, über die Jesus sagte, sie würden «im Reich der Himmel mit Abraham, Isaak und Jakob zu Tisch sitzen» (Mt 8,11). Diese Gruppe wird sich nicht fortpflanzen, sondern in dieser Zeit mit Christus regieren und herrschen. Nur die Menschen in ihren natürlichen Körpern werden die Fähigkeit zur Fortpflanzung besitzen.

Während des Tausendjährigen Reiches wird Jesus, der heilige Richter, über allem herrschen. Sein Reich wird ein Reich der Gerechtigkeit sein. Da der Teufel in dieser Zeit gebunden sein wird, wird es keine Verführung geben (am Ende des Tausendjährigen Reiches wird der Teufel für kurze Zeit freigelassen, bevor er für immer gebunden wird). In diesem Zeitalter wird auf der ganzen Erde Frieden herrschen, ohne dass sich die Menschen voreinander fürchten müssen. Viele Menschen werden auch ein langes Leben führen. Die Lebenserwartung wird dramatisch ansteigen. Daher könnte die Bevölkerungszahl noch nie da gewesene Höhen erreichen, und die meisten Menschen werden an Christus glauben.

Ein Kennzeichen unserer Zeit ist, dass nur wenige Personen wirklich etwas von Gott und der Bibel wissen. Aber im Tausendjährigen Reich wird es nicht mehr nötig sein, das Evangelium zu predigen, weil die Bewohner der Erde es von Natur aus kennen:

> «Ich will mein Gesetz in ihr Innerstes hineinlegen und es auf ihre Herzen schreiben, und ich will ihr Gott sein, und sie sollen mein Volk sein; und es wird keiner mehr seinen Nächsten und keiner mehr seinen Bruder lehren und sagen: ‹Erkenne den Herrn!› Denn sie werden mich alle kennen, vom Kleinsten bis zum Grössten unter ihnen, spricht der Herrn; denn ich werde ihre Missetat vergeben und an ihre Sünde nicht mehr gedenken!» (Jer 31,33-34).

Jedem sollte bewusst sein, dass das zukünftige Tausendjährige Reich das wunderbarste Zeitalter in der Geschichte der Erde sein wird. In dieser Zeit wird es einen noch nie da gewesenen Frieden geben, wenn die Menschen, die Jesus Christus als ihren Herrn und Erlöser angenommen haben, zusammen mit ihrem liebevollen König regieren. Diese Zeit ist sicherlich am besten mit dem Wort *Utopie* zu beschreiben. Denn an diesem Tag «werden sie ihre Schwerter zu Pflugscharen schmieden und ihre Speere zu Rebmessern; kein Volk wird gegen das andere das Schwert erheben, und sie werden den Krieg nicht mehr erlernen» (Jes 2,4).

Ein solcher Weltfriede ist für Menschen nicht zu begreifen. Trotz der Tatsache, dass die Worte aus Jesaja 2,4 auf dem UN-Gebäude in New York stehen, hat die verderbte Menschheit keine Möglichkeit, solche Bedingungen auf der Erde zu schaffen. Dank Gott wird dies aber zu einer Realität, wenn Jesus zurückkehrt, um auf der Erde zu herrschen.

Ein wunderbares Zeitalter

Seit dem Sündenfall Adams und Evas im Garten Eden stehen die Menschheit und die Schöpfung unter dem Gericht und den Auswirkungen der Erbsünde. Der Schmutz der Sünde hat sich auf die ganze Menschheit und Schöpfung ausgewirkt. In Römer 8,22 erinnert uns der Apostel Paulus an das, was wir täglich erleben: «Denn wir wissen, dass die ganze Schöpfung mitseufzt und mit in Wehen liegt bis jetzt.» Im Tausendjährigen Reich werden der Fluch und die Auswirkungen der Erbsünde jedoch teilweise aufgehoben sein. Nach wie vor werden Menschen sterben (jene, die mit ihrem natürlichen Körper ins Tausendjährige Reich eingehen), und die Folgen des Sündenfalls werden erst nach dem Tausendjährigen Reich vollständig verschwinden, wenn der neue Himmel und die neue Erde im ewigen Zustand geschaffen werden (Offb 22,3).

Das kommende buchstäbliche Reich Christi auf dieser Erde wird die gesegnetste Zeit sein, die diese Welt seit dem Garten Eden erlebt hat. Viele Merkmale Edens werden sie kennzeichnen. Alle, die gegen

Gott rebelliert haben, werden nicht mehr da sein. Der Teufel wird gebunden sein und die Menschen nicht verführen können, und Christus wird Gerechtigkeit herrschen lassen. Natürlich wird diese Gerechtigkeit mit Hilfe seiner heiligen Engel und der Gemeinde umgesetzt. Pornografie, Kriminalität und andere böse Dinge, die der Gesellschaft üblicherweise schaden, werden zweifellos verboten sein.

Das zukünftige Reich wird eine Zeit noch nie dagewesenen Wohlstands sein, in der jeder sein eigenes Zuhause haben wird. Der auf der Erde lastende Fluch wird aufgehoben und der Erdboden wird eine unglaubliche Ernte hervorbringen. Betrug und Kriege wird es nicht mehr geben, sodass die Menschen die Früchte ihrer Arbeit geniessen können.

Jesaja 65 macht deutlich, dass die Lebensspanne der Menschen zunehmen und fast so lange dauern wird wie vor der Flut, als die Menschen nahezu 1000 Jahre alt wurden. Zumindest wird das für Gläubige gelten, die von ihrer Geburt bis zum Ende des Reiches leben werden. Jesaja 65,20 sagt, dass ein Mensch mit 100 Jahren noch als junger Mann angesehen wird.

Achten Sie genau darauf, was die zweite Hälfte von Jesaja 65,20 sagt: «Wer hundertjährig stirbt, wird noch als junger Mann gelten, und wer nur hundert Jahre alt wird, soll als ein vom Fluch getroffener Sünder gelten.» Offensichtlich wird Gott allen Menschen eine Lebensdauer von mindestens 100 Jahren gewähren, und das in der idealsten Umgebung seit dem Garten Eden, damit sie zum Glauben an Jesus Christus kommen können. Leider muss aber gesagt werden, dass das nicht auf alle zutrifft. Deshalb erklärt Jesaja: «Wer nur hundert Jahre alt wird, soll als ein vom Fluch getroffener Sünder gelten.» Dass Gott den Menschen 100 Jahre gibt, um sich für Christus als ihren Erlöser zu entscheiden, ist ein Ausdruck seiner Liebe, Gnade, Langmut und Vergebung (2Mo 34,6). Das bestätigt auch Petrus mit seiner Aussage: «Der Herr ... ist langmütig gegen uns, weil er nicht will, dass jemand verloren gehe, sondern dass jedermann Raum zur Busse habe» (2Petr 3,9).

Nicht nur die Lebenserwartung wird erheblich höher sein, auch die Weltbevölkerung wird enorm zunehmen. Davon spricht auch Jeremia 33,22: «Wie man das Heer des Himmels nicht zählen und den Sand am Meer nicht messen kann, so will ich den Samen meines Knechtes David mehren und die Leviten, meine Diener.» In Sacharja 8,5 lesen wir: «Die Strassen der Stadt sollen erfüllt werden mit Knaben und Mädchen.» Das deutet ein drastisches Bevölkerungswachstum in Israel an. Vergessen Sie nicht, dass wir im Tausendjährigen Reich unter idealen Bedingungen leben werden – es wird keine Kriege geben, in denen viele Menschen sterben. Und wir werden nicht das Ausmass an Gewalt erleben wie heute oder in der Drangsalszeit.

Eine Zeit des Glaubens

Das Tausendjährige Reich wird eine Zeit des Glaubens sein, in der die Weltbevölkerung mehrheitlich aus Gläubigen bestehen wird. Christus wird alles unter seiner Kontrolle haben, sodass es keine unmoralischen oder andere verderbliche Formen der Mediengestaltung geben wird, die die Sinne der Menschen für das Evangelium blenden können. Substanzen, die für den Körper schädlich sind und den Verstand der Menschen benebeln, stehen nicht zur Verfügung. Der Teufel wird gebunden sein und sie nicht geistlich blenden können. Auch die Kunst wird Christus während des Tausendjährigen Reiches verherrlichen. Jeremia 31,31-34 deutet darauf hin, dass alle mit dem Evangelium so sehr vertraut sein werden, dass es nicht mehr nötig ist, es anderen weiterzusagen.

Regierung und Politik im Tausendjährigen Reich werden sich auf die gütige Herrschaft Jesu Christi als dem Messias Israels konzentrieren. Von Jerusalem aus wird Jesus als Messias und König Israels in einer Theokratie regieren (Jes 2,1-4) und dadurch Gottes prophetische Verheissung an König David im Davidischen Bund erfüllen (2Sam 7,12-16). Gottes Bund mit David garantierte, dass Davids Dynastie, Thron und Königreich ewig Bestand haben sollten. Wenn Jesus Christus am Ende der Drangsalszeit zurückkommt, wird er durch seine persönliche Herrschaft Davids Thron wieder aufrichten (Jer 23,5-8). Auch andere wichtige Stellen beschreiben die Herrschaft Christi über Israel: Psalm 2, Jesaja 9,5-6, Jeremia 33,20-26, Hesekiel 34,23-25; 37,23-24 und Lukas 1,32-33. Diese und andere Stellen liefern genügend konkrete Beweise dafür, dass das Königreich, das David verheissen wurde, in der Zukunft vollständig zur Wirkung kommen wird.

Der letzte Aufstand

Doch trotz all der idealen Bedingungen, die Gott geschaffen hat, um möglichst viele Menschen zu seinem Sohn zu ziehen, werden viele am Ende des Tausendjährigen Reiches gegen ihn rebellieren. Offenbarung 20,8 sagt, dass der Teufel am Ende des tausendjährigen Zeitalters aus dem Abgrund freigelassen wird, «um die Heidenvölker zu verführen» – das heisst, er verführt sie zur Rebellion gegen Gott. Gott lässt dies geschehen, damit alle unerretteten Menschen auf der Erde zu einer Entscheidung für oder gegen Christus gezwungen werden, bevor er den ewigen Zustand einleitet.

Nachdem sie so viele Jahre unter der gerechten Regierung Christi gelebt haben, werden sich leider bei nächstbester Gelegenheit gewaltige Menschenmengen gegen Gott erheben, «deren Zahl wie der Sand am Meer ist» (Offb 20,8). Das deutet unter anderem an, dass es nicht allein die Schuld des Teufels ist, wenn Menschen Christus ablehnen. Sie rebellieren auch, weil es ihr eigener Wille ist. Satans Auftreten zu diesem Zeitpunkt wird nur die Rebellion in den Herzen derer zum Vorschein bringen, die «nicht zu mir [Christus] kommen» wollen, um ewiges Leben zu empfangen (Joh 5,40).

Das Ende des Teufels

Der allerletzte Versuch des Teufels, Gott anzugreifen, wird in einem Misserfolg enden. Offenbarung 20,10 sagt: «Und der Teufel, der sie verführt hatte, wurde in den Feuer- und Schwefelsee geworfen, wo das Tier ist und der falsche Prophet, und sie werden gepeinigt werden Tag und Nacht, von Ewigkeit zu Ewigkeit.» Dass lebendige Wesen unendlich lang im Feuersee leiden können, macht die Tatsache deutlich, dass das Tier (der Antichrist) und der falsche Prophet Menschen sind. Obwohl sie am Anfang des Tausendjährigen Reiches in den Feuersee geworfen werden (Offb 19,20), spricht Offenbarung 20,10 in der Gegenwartsform von ihnen. Das zeigt, dass sie noch immer dort sind. In diesen Feuersee wird auch der Teufel geworfen. Er, der Antichrist und der falsche Prophet sowie alle Menschen aus jedem Zeitalter in der Geschichte, die Gottes freies Angebot der Errettung durch den Glauben an Christus abgelehnt haben, «werden gepeinigt werden Tag und Nacht, von Ewigkeit zu Ewigkeit.» Somit sagt die Bibel eindeutig, dass diese Strafe ewig dauern wird!

11. DAS neue JERUSALEM

Während das Buch der Offenbarung zum Schluss kommt, sehen wir das Ende der Zeit und den Beginn der ewigen Zukunft. Alle Gerichte Gottes sind nun abgeschlossen. Alle Nationen sind vor den Herrn getreten. Die Erlösten sind in den Himmel eingegangen. Die Verlorenen wurden in den Feuersee geworfen. In den letzten beiden Kapiteln der Bibel blickt Johannes dann in die ferne Zukunft und sieht einen neuen Himmel, eine neue Erde und das neue Jerusalem: «Und ich sah einen neuen Himmel und eine neue Erde; denn der erste Himmel und die erste Erde waren vergangen, und das Meer gibt es nicht mehr» (Offb 21,1).

Die Menschen fragen sich: «Wird der neue Himmel eine Rekonstruktion des alten Himmels und der alten Erde sein oder es etwas völlig Neues?» Bedenken Sie einmal: Wenn es kein Meer gibt, gibt es auch kein Plankton. Allein das ist ein wichtiger Hinweis darauf, wie anders die Dinge sein werden. Die Umgebung wird das Leben nicht auf dieselbe Weise erhalten wie heute auf dem Planeten Erde. Das deutet an, dass die neue Erde ein völlig neuer Ort sein wird.

Anschliessend sagt Johannes: «Und ich ... sah die heilige Stadt, das neue Jerusalem, von Gott aus dem Himmel herabsteigen, zubereitet wie eine für ihren Mann geschmückte Braut» (Offb 21,2). Das ist ein Bild von dem endgültigen Wohnort der Braut Christi – die himmlische Stadt, die Stadt, die all das sein wird, was Gott für das irdische Jerusalem immer beabsichtigt hatte. Aber sie wird weitaus besser und grösser sein als alles, was wir uns vorstellen können.

Johannes fährt fort: «Und ich hörte eine laute Stimme aus dem Himmel sagen: Siehe, das Zelt Gottes bei den Menschen! Und er wird bei ihnen wohnen; und sie werden seine Völker sein, und Gott selbst wird bei ihnen sein, ihr Gott» (Offb 21,3). Die Verheissung in dieser Stelle gilt jeder erlösten Person, die je gelebt hat. Die Gläubigen des Alten Testaments, der Zeit der Gemeinde, der Drangsalszeit und die aus dem Tausendjährigen Reich – das ganze Volk Gottes aus allen Zeitaltern – sind dort vereint in der Familie Gottes in der ewigen Stadt. Hier ist die Braut Christi die grosse neue Stadt Jerusalem.

Dann lesen wir in Offenbarung 21,4-5:

> «Und Gott wird abwischen alle Tränen von ihren Augen, und der Tod wird nicht mehr sein, weder Leid noch Geschrei noch Schmerz wird mehr sein; denn das Erste ist vergangen. Und der auf dem Thron sass, sprach: Siehe, ich mache alles neu! Und er sprach zu mir: Schreibe; denn diese Worte sind wahrhaftig und gewiss!»

Das ist die neue Ewigkeit: der neue Himmel, die neue Erde, das neue Jerusalem, die unvergleichliche Erfahrung des Volkes Gottes. Johannes investiert zwei ganze Kapitel in die Beschreibung dieses Ortes, damit wir eine Vorschau davon bekommen, wie es sein wird. Das Wasser des Lebens befindet sich dort ebenso wie der Baum des Lebens und die Segnungen Gottes. Und das Beste von allem, auch Gott ist dort. In Vers 11 erfahren wir, dass Gottes Herrlichkeit die Stadt erleuchtet. Sie erstrahlt mit Gottes eigener Herrlichkeit. Johannes sagt weiter, dass weder Sonne noch Mond nötig sind, da Gottes Herrlichkeit sie erleuchtet (Offb 21,23).

Stellen Sie sich vor, was das im biblischen Sinne bedeutet. Im Alten Testament ruhte die Herrlichkeit Gottes, die Schechina, auf der Bundeslade. Nur der Hohepriester durfte das Allerheiligste betreten und in der Gegenwart der Herrlichkeit Gottes stehen. Erinnern Sie sich, was passierte, als Mose die reflektierte Herrlichkeit Gottes sah? Gott sagte zu ihm: «Mein Angesicht kannst du nicht sehen, denn kein Mensch wird leben, der mich sieht!» (s. 2Mo 33,20). Und die reflektierte Herrlichkeit Gottes strahlte auf dem Gesicht Moses.

Gott wird in der ewigen Stadt, dem neuen Jerusalem, in unserer Mitte leben. Offenbarung 22,4 sagt: «Und sie werden sein Angesicht sehen.» Was für eine Verheissung! Dort in der Gegenwart Gottes werden Sie ein Priester Gottes sein, ein König mit Christus, und zusammen mit ihm die ganze Ewigkeit hindurch herrschen. Die Schrift verheisst, dass Jesus jetzt in der Zeit der Gemeinde in unseren Herzen regiert. Anschliessend wird Jesus im Tausendjährigen Reich auf der Erde herrschen. Aber in der Ewigkeit werden wir gemeinsam mit ihm für immer über das ganze Universum regieren. Stellen Sie sich diese Ehre und dieses Privileg vor!

Einige der nächstgelegenen Sterne im Weltraum sind viele Lichtjahre von uns entfernt. Selbst mit unseren heutigen Raumfahrzeugen wären Sie nicht in der Lage, sie innerhalb ihrer Lebenszeit zu erreichen. Aber in der Ewigkeit werden Ihnen unzählige Zeitalter zur Verfügung stehen, das ganze riesige Universum zu erforschen. Sie werden endlose Möglichkeiten bekommen, neue Welten, neue Orte und neue Dinge zu entdecken.

Die Beschreibung der heiligen Stadt des neuen Jerusalem gehört zu den erstaunlichsten Stellen in einer der grössten Prophezeiungen der Bibel. Schauen Sie sich noch einmal Offenbarung 21 an. Beachten Sie, dass in Vers 12 gesagt wird, dass die himmlische Stadt eine grosse und hohe Mauer und zwölf Tore hat. An den Toren stehen zwölf Engel, und auf den Toren werden die Namen der zwölf Stämme der Kinder Israels angeschrieben sein.

In Vers 14 lesen wir dann, dass die Stadtmauer zwölf Grundsteine hat, die nach den Namen der zwölf Apostel des Herrn Jesus benannt sind. Mit anderen Worten, die himmlische Stadt wird die ganze Familie Gottes umfassen. Sie ist ebenso für errettete Juden wie für Nicht-Juden. Sie ist für die Menschen, die den Herrn in der alttestamentlichen und der neutestamentlichen Dispensation kannten. Die Stadttore sind nach den zwölf Stämmen Israels benannt und die Grundsteine nach denen der zwölf Apostel. Das alles erinnert uns daran, dass die ganze Familie Gottes dort für alle Ewigkeit sein wird.

Biblisch gesehen scheint die Zahl zwölf eine regierungsbezogene oder administrative Bedeutung zu haben. In der Schrift finden wir öfters ein Vielfaches der Zahl 12 bei der Verwaltung von Gottes Universum. Dazu gehören beispielsweise die 24 Throne in Offenbarung 4,4 oder die 144.000 Christen in Offenbarung 14, die im Tausendjährigen Reich wahrscheinlich spezielle Führungspositionen einnehmen werden. Bei der Beschreibung des neuen Jerusalem in Offenbarung 21,9-21 wird die Zahl 12 weitere Male erwähnt:

Zwölf Tore. Dem Volk Gottes werden zwölf Eingänge zur Verfügung stehen, um im neuen Jerusalem ein- und auszugehen. Offenbarung 21,13 sagt, dass sich an jeder Seite dieser riesigen Stadt drei Tore befinden werden. Die Namen der zwölf Stämme Israels werden auf den Toren eingeschrieben sein.

Zwölf Engel. Auch in der ewigen Ordnung sehen wir die Beziehung der Engel zu den Menschen und ihr Werk an ihnen.

Zwölf Stämme. Sie zeigen, dass die Kinder Israels Zutritt zu dieser prachtvollen himmlischen Stadt haben werden. Da in diesem Zusammenhang auch Engel erwähnt werden, scheint es so, als würde jeder Stamm seinen Engel haben, so wie jede Gemeinde ihren Engel hat (s. Offb 2-3).

Zwölf Grundsteine. Die Grundsteine der Stadtmauer werden an Herrlichkeit jegliche Vorstellung übersteigen. In Offenbarung 21,19-21 heisst es, dass sie «mit allerlei Edelsteinen geschmückt» sind.

In Vers 16 sagt Johannes, dass «die Stadt ein Viereck bildet.» Ihre Breite, Länge und Höhe ist identisch – wie ein gigantischer Würfel, der 2.400 Kilometer breit, hoch und tief ist. Sie könnte leicht Milliarden von Menschen aufnehmen, die Christus im Lauf der Jahrhunderte als ihren persönlichen Erlöser kennengelernt haben. Die ganze Familie Gottes wird dort leben: die Gläubigen des Alten und des Neuen Testaments, die aus der Drangsalszeit und dem Tausendjährigen Reich.

Anschliessend versucht Johannes wieder, das Unbeschreibliche zu beschreiben. Er spricht von kostbaren Steinen und nennt die Namen dieser Steine, von denen viele auf dem Brustschild des Hohenpriesters von Israel zu finden sind. Somit symbolisieren die Steine diese zukünftige grosse Stadt. In Vers 22 sagt Johannes: «Und einen Tempel sah ich nicht in ihr; denn der Herr, Gott der Allmächtige, ist ihr Tempel, und das Lamm.» Johannes' Beschreibung enthält folgende Details der Stadt:

1. Pracht: wie ein kristallheller Jaspis (Offb 21,11)
2. Mauer: 144 Ellen (ca. 67 m) hoch (V. 17)
3. Tore: riesige Perlen, auf denen die Namen der zwölf Stämme Israels geschrieben stehen (V. 12.21)
4. Abmessungen: Viereck oder ein Würfel mit einer Seitenlänge von jeweils 2.400 km (V. 16)
5. Stadt: aus reinem Gold, wie reines Glas (V. 18)
6. Strasse: aus reinem Gold, wie durchsichtiges Glas (V. 21)
7. Tempel: Gott und das Lamm sind der Tempel (V. 22)
8. Licht: die Herrlichkeit Gottes und das Lamm (V. 23)
9. Nationen: errettete Menschen (V. 24)
10. Zutritt: durch Tore, die niemals geschlossen werden (V. 25)
11. Tageszeiten: es gibt keine Nacht (V. 25)
12. Reinheit: niemand wird dort sein, der sie verunreinigt (V. 27)

Der himmlische Tempel

Wenn das die heilige Stadt ist, wo ist dann der himmlische Tempel? Der himmlische Tempel ist das Muster im Himmel für den irdischen Tempel. Aber in Offenbarung 21 beschreibt Johannes den himmlischen Tempel ganz anders: «Und einen Tempel sah ich nicht in ihr; denn der Herr, Gott der Allmächtige, ist ihr Tempel, und das Lamm» (V. 22).

Mit anderen Worten, Gott selbst ist der Tempel. Dort in seiner Gegenwart werden wir mit und in ihm wohnen. Im irdischen Tempel durfte der Hohepriester nur am Versöhnungstag das Allerheiligste betreten, die anderen Priester waren auf das Heiligtum beschränkt und alle anderen auf den Vorhof. Im Himmel ist das anders, für niemanden ist der Zutritt eingeschränkt. Jeder wird Zugang zur Gegenwart Gottes haben. Das ist der heilige Tempel des neuen Jerusalem.

Offenbarung 21,23 sagt ausserdem: «Und die Stadt bedarf nicht der Sonne, noch des Mondes, dass sie in ihr scheinen; denn die Herrlichkeit Gottes erleuchtet sie, und ihre Leuchte ist das Lamm.» Diese abschliessenden Worte im Buch der Offenbarung zeigen uns, dass der Sohn dem Vater gleich ist. Die Betonung dieser Stelle liegt auf der Gottheit Christi.

Vers 24 teilt uns mit, wer bei dem Vater und dem Sohn sein wird: «Und die Heidenvölker, die gerettet werden, werden in ihrem Licht wandeln, und die Könige der Erde werden ihre Herrlichkeit und Ehre in sie bringen.» Nur die Erlösten werden in das neue Jerusalem kommen. Nur die Menschen, die Gott gehören, werden im neuen Himmel und auf der neuen Erde sein. Sie allein werden ewig zur Familie Gottes gehören.

Anschliessend sagt uns Johannes, wer nicht dort sein wird: «Und es wird niemals jemand in sie hineingehen, der verunreinigt, noch jemand, der Gräuel und Lüge verübt, sondern nur die, welche geschrieben stehen im Buch des Lebens des Lammes» (V. 27). Gemeint sind die unerretteten Menschen, deren Herz nie verändert wurde; ihr ewiges Schicksal ist nicht dort.

Die gute Nachricht ist, dass jeder in die Gegenwart Gottes im Himmel kommen kann. Am Ende lädt die Bibel uns ein letztes Mal ein: «Und wen da dürstet, der komme; und wer da will, der nehme das Wasser des Lebens umsonst!» (Offb 22,17). Wer aber nicht kommen will, wer Christus nicht glaubt und vertraut, wird ausgeschlossen werden. Er wird nicht dort sein.

Die Erlösten aus den Nationen werden für alle Ewigkeit im Himmel leben. Das ist Gottes Verheissung an jeden Gläubigen, an jede Person, deren Name im Buch des Lebens des Lammes geschrieben steht.

Am Anfang von Offenbarung 22 fährt Johannes fort: «Und er zeigte mir einen reinen Strom vom Wasser des Lebens, glänzend wie Kristall, der ausging vom Thron Gottes und des Lammes. ... von dieser und von jener Seite aus, war der Baum des Lebens ...» Dem Baum des Lebens sind wir in der Bibel seit 1. Mose 3 nicht mehr begegnet, als Adam und Eva aus dem Garten Eden vertrieben wurden. Der Baum des Lebens symbolisiert, dass das Paradies in der himmlischen Stadt, im himmlischen Tempel zurückgewonnen wurde. Dort wird das Volk Gottes Zugang haben zur Gegenwart Gottes, dem Leben Gottes und der Macht Gottes.

Die Verheissung des ewigen Lebens

Jesus gab seinen Nachfolgern die Verheissung: «Weil ich lebe, sollt auch ihr leben!» (Joh 14,19). Es überrascht nicht, dass niemand in der Bibel häufiger über die Auferstehung spricht als Jesus Christus selbst. In Johannes 11,25-26 sagte er beispielsweise: «Ich bin die Auferstehung und das Leben. Wer an mich glaubt, wird leben, auch wenn er stirbt; und jeder, der lebt und an mich glaubt, wird in Ewigkeit nicht sterben.» Auch wenn die, die an ihn glauben, den physischen Tod erfahren sollten, wird der wahre Mensch, seine Seele und sein Geist, nie sterben.

In Johannes 5,24-29 lehrte Christus:

> «Wahrlich, wahrlich, ich sage euch: Wer mein Wort hört und dem glaubt, der mich gesandt hat, der hat ewiges Leben und kommt nicht ins Gericht, sondern er ist vom Tod zum Leben hindurchgedrungen. Wahrlich, wahrlich, ich

sage euch: Die Stunde kommt und ist schon da, wo die Toten die Stimme des Sohnes Gottes hören werden, und die sie hören, werden leben. Denn wie der Vater das Leben in sich selbst hat, so hat er auch dem Sohn verliehen, das Leben in sich selbst zu haben. Und er hat ihm Vollmacht gegeben, auch Gericht zu halten, weil er der Sohn des Menschen ist. Verwundert euch nicht darüber! Denn es kommt die Stunde, in der alle, die in den Gräbern sind, seine Stimme hören werden, und sie werden hervorgehen: die das Gute getan haben, zur Auferstehung des Lebens; die aber das Böse getan haben, zur Auferstehung des Gerichts.»

Diese Stelle sagt uns, dass sowohl die Gerechten als auch die Ungerechten auferweckt werden. Somit ist allen garantiert, dass sie ewig existieren werden. Wo und wie diese ewige Existenz allerdings sein wird, hängt ganz allein von unserer Stellung zu Christus ab.

Unser ewiges Schicksal

Vor Tod, Grablegung und Auferstehung Jesu Christi kamen alle gestorbenen Menschen an einen Ort namens Scheol oder Hades. Bibelgelehrte haben lange darüber spekuliert, wo dies sein könnte, aber die Bibel gibt uns keinen Aufschluss darüber. Laut Lukas 16,26 scheint dieser Ort zwei Bereiche zu haben, die durch eine grosse Kluft oder einen tiefen Abgrund voneinander getrennt sind. Der erste Bereich war als Paradies oder Ort des Trostes bekannt. Dort kamen die alttestamentlichen Gläubigen nach ihrem Tod hin. Auf der anderen Seite der Kluft befand sich der Ort der Qual, an den die Menschen ohne Glauben kamen. Seit der Auferstehung Jesu werden Gläubige nicht länger an den Ort des Trostes im Scheol gebracht, sondern sofort in den Himmel, wo sie beim Herrn sind (s. 2Kor 5,8). Ungläubige hingegen kommen nach wie vor an den «Ort der Qual» im Scheol bzw. Hades.

Das Wort *Himmel* findet sich nahezu 600 Mal in der Bibel. Es kann sich auf drei verschiedene Orte beziehen: 1) den atmosphärischen Himmel, 2) den planetarischen Himmel, wo sich Sonne, Mond und Sterne befinden; oder 3) den dritten Himmel, von dem Paulus in 2. Korinther 12 spricht und wo Gott mit seinen Engeln und seinem Volk wohnt. Dort sind die verstorbenen Gläubigen heute. Alles, was uns Christen wirklich wertvoll ist, wird in diesem dritten Himmel sein: der dreieine Gott, geliebte Gläubige, unser Erbe, unser Bürgertum und unser ewiger Lohn. Anders ausgedrückt, alles von ewigem Wert wird dort sein.

Bei der Entrückung werden die Gläubigen sofort ihren neuen, unsterblichen Auferstehungskörper empfangen, und Christus wird sie nach Hause in das Vaterhaus im Himmel bringen (Joh 14,1-4). Viele von uns freuen sich auf diesen wunderbaren Tag, wenn wir die unfassbare Herrlichkeit des Himmels sehen, mit geliebten Menschen wiedervereint sind und Jesus, unseren Erlöser, von Angesicht zu Angesicht sehen. Was einige von uns aber nicht berücksichtigen, ist, dass wir direkt nach der Entrückung vor den Richterstuhl Christi treten und für die guten Werke belohnt werden, die wir in der Zeit auf Erden im Namen Christi getan haben. Noch im Himmel werden wir am Hochzeitsmahl des Lammes als die Braut Christi teilnehmen (Offb 19,7-9). Am Ende der Drangsalszeit (die stattfindet, während die Gläubigen im Himmel sind) werden wir schliesslich mit Jesus auf die Erde zurückkehren und im Tausendjährigen Reich mit ihm regieren (Offb 20,1-3).

Bei der Entrückung werden die Körper der lebenden Gläubigen zusammen mit denen der bereits verstorbenen Gläubigen verwandelt werden, sodass aus Verweslichem Unverwesliches wird (s. 1Kor 15,52-54). Zurzeit ist unser Körper für den Himmel nicht geeignet und muss in einen Körper verwandelt werden, der dem Auferstehungsleib Christi ähnlich ist. Dieser neue Auferstehungskörper (geschaffen aus den Elementen unseres alten Körpers, die der Herr wieder zusammenführt) wird erkennbar sein, kommunizieren und essen können, so wie auch Jesus nach seiner Auferstehung mit den Jüngern ass (s. Lk 24,41-43; Joh 21,9-14). Jesus zeigte auch, dass er mit seinem Auferstehungsleib durch Wände gehen und in einem Augenblick zum nächsten grosse Entfernungen zurücklegen konnte. Sehr wahrscheinlich werden wir dasselbe tun können.

Die ewige Strafe der Verlorenen

In krassem Gegensatz zur herrlichen Zukunft, die auf jeden einzelnen Gläubigen wartet, steht das Schicksal der Ungläubigen, das schlichtweg zu schrecklich ist, um es sich auch nur vorzustellen. Wie wir bereits erwähnt haben, kommen Ungläubige im Augenblick ihres Todes unverzüglich an den Ort der Qual in die Hölle (Gr. *hades*). Offenbarung 20,11-15 zufolge werden die Ungläubigen nach dem Tausendjährigen Reich auferweckt und aus dem Scheol/Hades vor den grossen weissen Thron Jesu Christi gebracht. Dort werden sie auf der Grundlage des alttestamentlichen Gesetzes «gemäss ihren Werken» gerichtet (V. 12). Da keiner von ihnen wiedergeboren wurde und ihre Namen nicht im Buch des Lebens stehen, wird niemand von ihnen in das Reich Gottes kommen. Alle diese Ungläubigen werden in den Feuersee geworfen, wo sie für alle Ewigkeit Qualen leiden. Hätten sie zu Lebzeiten das freie Geschenk der Erlösung in Christus angenommen, müssten sie nicht mit der ewigen Trennung von Gott bestraft werden.

Der Begriff «Feuersee» taucht in der Offenbarung fünf Mal auf (19,20; 20,10.14-15; 21,8). Alle, die an diesen Ort kommen, werden ihre Strafe bei vollem Bewusstsein erleben. Zurzeit ist niemand im Feuersee. Die ersten werden das Tier und der falsche Prophet sein (Offb 19,20). Ungläubige, die heute sterben, kommen sofort in den Hades, wo sie auf ihr Urteil vor dem grossen weissen Thron warten. Danach werden sie zu einer Ewigkeit im Feuersee verurteilt. Sie werden den so genannten «zweiten Tod» erleben (Offb 21,8). Der erste Tod ist der physische Tod, während der zweite ewige Strafe bedeutet.

Der Hades ist zweifellos ein Ort der Qual und Strafe. Aber er dient nur als vorübergehender Aufenthaltsort für jene, auf die Gottes endgültiges Gericht wartet. Im Gegensatz dazu ist der Feuersee ein Ort permanenter Gefangenschaft, von dem es kein Entkommen gibt. Im Neuen Testament dient dieser Ort als Symbol ewiger Strafe (s. Mt 25,41-46; Mk 9,44-48).

Ausgeschlossen: Vorhölle, Fegefeuer, Auslöschung oder Reinkarnation

Ungeachtet der vielen verschiedenen Lehren in der heutigen Welt müssen wir begreifen, dass Gottes Wort keine anderen Möglichkeiten für das Leben nach dem Tod vorsieht. Das Fegefeuer ist angeblich der Ort, an den Menschen kommen, um Busse zu tun oder für ihre Sünden in dieser Welt zu leiden, um für ein besseres Leben nach dem Tod gereinigt zu werden. Der entscheidende Unterschied zwischen der biblischen Darstellung des gegenwärtigen Zustands der Toten und dieser falschen Lehre ist: Die Bibel liefert nicht den leisesten Hinweis, dass die Menschen am Ort der Qual im Scheol/Hades oder die im Himmel jemals woanders die Ewigkeit verbringen werden. Lukas 16,26 macht deutlich, dass niemand, der an den Ort der Qual kommt, die grosse Kluft überbrücken und ins Paradies wechseln kann. Im Gegenteil, alle, die sich zurzeit am Ort der Qual befinden, werden letzten Endes in den Feuersee geworfen werden.

Der Gedanke, dass denen, die heute am Ort der Qual sind, später noch die Möglichkeit zur Errettung gegeben wird, widerspricht Jesaja 38,18: «Denn das Totenreich kann dich nicht loben, noch der Tod dich preisen; und die in die Grube fahren, können nicht auf deine Treue hoffen.» Es ist im Wesentlichen ein Ort der Leiden, an dem die Wahrheit nicht gelehrt wird. Daher können die Menschen dort auch nicht hoffen, ihm zu entkommen. Das ist eine tragische Wahrheit, und wir wagen es nicht, ihre Realität auch nur im Geringsten zu schmälern.

Der höchste Himmel

Das neue Jerusalem wird in der Bibel als der höchste Himmel beschrieben. In 2. Korinther 12,2 sagte der Apostel Paulus, dass er «bis in den dritten Himmel entrückt wurde.» Er sprach nicht von der Atmosphäre, die unseren Planeten umgibt, den Wolken oder dem Weltraum, sondern von dem Wohnsitz Gottes. Das ist der Ort, der hier in Offenbarung 21–22 für uns beschrieben wird.

Obwohl wir nicht viel über unseren zukünftigen Wohnort wissen, zählt zu den wichtigen Dingen jedoch: «Es wird keinen Fluch mehr geben» (22,3). Der Fluch der Sünde wird verschwunden sein. Er wird für immer aufgehoben sein und uns nie wieder quälen.

«Und der Thron Gottes und des Lammes wird in ihr sein, und seine Knechte werden ihm dienen; und sie werden sein Angesicht sehen» (Offb 22,3-4). Als dies geschrieben wurde, war der Ausdruck «sie werden sein Angesicht sehen» ein Idiom, das sich auf eine Person bezog, die eine Audienz beim König hatte. Der Durchschnittsbürger bekam einen König nie von Angesicht zu Angesicht zu sehen. Während einer Audienz beim König hatte man die Möglichkeit, ihm direkt ins Gesicht zu blicken. Johannes sagt hier, dass wir im Himmel regelmässig eine Audienz beim König haben werden. Und dieses Privileg wird uns in der ganzen Ewigkeit zuteil!

Johannes sagt in dieser Stelle auch, dass wir Gottes Diener sein werden. Wir werden ihm für immer dienen. Wir werden uns nicht langweilen, weil es nichts zu tun gibt; wir werden immer beschäftigt sein und dem Herrn dienen. Und Vers 5 fügt hinzu, dass wir «von Ewigkeit zu Ewigkeit herrschen werden.» Wir werden dem Herrn dienen und mit ihm über das ganze, riesige Universum herrschen. Und das ist nur eine kleine Vorschau auf das, was uns erwartet!

Letzten Endes werden wir alles zu sehen bekommen. Wir brauchen keine Rakete, die uns von einem Universum ins nächste transportiert, von einer Erfahrung zur anderen. Nein, wir werden Zeit und Gelegenheit haben, alles zu tun, alles zu sehen und alles zu erfahren.

Viele von uns leben mit der Einstellung: «Ich muss reisen und die Welt sehen, solange ich noch kann.» Die Leute haben ihre Checkliste mit 1001 Dingen, die sie tun wollen, bevor sie sterben. In der Ewigkeit, wo Sie nicht sterben werden, gibt es Millionen Dinge, die Sie tun können. Die Bibel verheisst: Sie werden dem Herrn für immer dienen und ewig mit ihm herrschen. Was für eine wunderbare Verheissung!

Zum Ende der Offenbarung schrieb Johannes folgende Worte des Herrn auf:

> «Ich bin das A und das O, der Anfang und das Ende, der Erste und der Letzte. Glückselig sind, die seine Gebote tun, damit sie Anrecht haben an dem Baum des Lebens und durch die Tore in die Stadt eingehen können» (Offb 22,13-14).

Im Himmel werden wir reich gesegnet sein. Wir werden Zugang zum Baum des Lebens und zum Thron Gottes haben. Wir werden Segen um Segen erfahren. Jede gute Sache aus der Hand Gottes wird uns zuteil.

Johannes schliesst mit einer Belehrung und Einladung von Jesus selbst:

> «Ich, Jesus, habe meinen Engel gesandt, um euch diese Dinge für die Gemeinden zu bezeugen. Ich bin die Wurzel und der Spross Davids, der leuchtende Morgenstern. Und der Geist und die Braut sprechen: Komm! Und wer es hört, der spreche: Komm! Und wen da dürstet, der komme; und wer da will, der nehme das Wasser des Lebens umsonst!» (V. 16-17).

Christus persönlich hat seinen Engel gesandt, um diese Wahrheiten an die Gemeinden weiterzugeben. Das bedeutet, die Prophetie ist ein wichtiger Bestandteil der Lehre der Gemeinde. Anschliessend lädt er die Menschen ein letztes Mal ein, ihn als ihren Erlöser anzunehmen. Wir beten dafür, dass Sie diese Einladung angenommen haben und ebenfalls ein Kind Gottes sind. Wenn das der Fall ist, werden Sie all die unfassbaren Wunder des Himmels erleben, über die wir in diesem Kapitel gesprochen haben.

Vor denen, die in Christus erlöst sind, liegt eine herrliche Zukunft. Wir können uns auf vieles freuen und sollten daher in der Erwartung der Rückkehr Jesu leben. Mit diesen Gedanken wollen wir unser Buch beenden und mit dem Apostel Johannes sagen: «Ja, komm, Herr Jesus!» (V. 20).

EIN WORT ZUM SCHLUSS

Die Bibel sagt, wir können wissen, dass wir ewiges Leben haben (1Jo 5,13). Sie können mit absoluter Sicherheit wissen, dass Jesus am Kreuz starb, von den Toten auferstand und eines Tages wiederkommt. Sie können wissen, ob Sie Ja zu ihm gesagt haben oder nicht. Ob man in den Himmel kommt, ist keine Frage von Vermutungen. Sie brauchen nicht sagen: «Ich hoffe, dass ich es schaffe. Ich denke, ich habe das Richtige getan.» Nein, Jesus hat das Richtige getan, als er ans Kreuz ging und an Ihrer Stelle starb, als er den Zorn Gottes gegen Sie auf sich nahm, und als er von den Toten auferstand, damit Sie das Geschenk des ewigen Lebens empfangen können. Alles, was wir tun müssen, ist, an das zu glauben, was er getan hat. Die Bibel sagt uns die Wahrheit: Wer den Namen des Herrn anruft, wird errettet werden (Röm 10,13).

Sie können wissen, dass Sie bereit sind, dem Herrn zu begegnen, weil Sie sich entschieden haben, ihm zu glauben und zu vertrauen. Und wenn Sie diese Entscheidung heute treffen wollen, dann tun Sie es doch gleich jetzt. Sie könnten folgende Worte als Anleitung nehmen und von Herzen beten:

> «Gott, ich weiss, dass ich einen Erlöser brauche. Mir ist klar, dass ich deine Vergebung nötig habe. Und ich glaube wirklich, dass Jesus für mich starb, wieder auferstanden

ist und eines Tages zurückkommt. Ich möchte ganz sicher sein, dass er kommt, um mich zu holen. Ihm übergebe ich im Glauben mein Herz, mein Leben und meine Seele.»

Wenn Sie diese Entscheidung getroffen haben, bitten wir Sie, uns zu schreiben oder es uns online (Angaben siehe Impressum) mitzuteilen. Wir würden Ihnen gerne Materialien zusenden, die Ihnen in Ihrem neuen Leben mit Christus helfen können.

ANHANG 1

WICHTIGE EREIGNISSE IN DER GESCHICHTE DES HEUTIGEN STAATES ISRAEL

In den mehr als 60 Jahren seit der Wiedergeburt Israels als Nation haben viele wichtige Ereignisse stattgefunden. Einige von ihnen finden Sie im Anschluss zusätzlich zu denen, die bereits im Buch erwähnt wurden.

14. Mai 1948 – Die Vereinten Nationen erkennen den Staat Israel offiziell an. US-Präsident Harry Truman verfasste ein Anerkennungsschreiben, um dies zu unterstützen. Die israelische Regierung gründete den Staat Israel und erfüllte dadurch die 2.500 Jahre alte Prophezeiung in Hesekiel 37. Grossbritannien beendete sein Mandat in Palästina und zog seine Truppen ab, zurück blieben etwa 650.000 Juden, um sich selbst zu regieren. Diese Wendung der Ereignisse war für die arabische Welt inakzeptabel. Ägypten, Syrien, Saudi-Arabien, der Libanon und der Irak schlossen sich zusammen und erklärten Israel wenige Stunden nach der Ausrufung des souveränen Staates den Krieg. Die arabi-

schen Armeen waren der israelischen zahlenmässig weit überlegen, und obschon tausende Juden im darauf folgenden Kampf starben, war Israel auf wundersame Weise in der Lage, seine arabischen Nachbarn zu besiegen. Etwa 350.000 Araber, die sich weigerten, den Staat Israel anzuerkennen, flohen in benachbarte arabische Länder wie den Libanon, Syrien, Irak und Saudi-Arabien.

1956 – Nachdem sich die Briten aus der Region zurückgezogen hatten, versuchte Ägypten unter der Führung von Gamal Abd el-Nasser, den Suezkanal zu verstaatlichen. Israel marschierte auf der Sinai-Halbinsel ein, erreichte in acht Tagen den Kanal und brachte den nördlichsten Punkt des Golfs von Akaba unter seine Kontrolle. Nasser musste zwar eine militärische Niederlage hinnehmen, errang aber schliesslich einen politischen Sieg, indem er die Kontrolle über den Suezkanal behielt.

1964 – Die Palästinensische Befreiungsorganisation (PLO) wurde von palästinensischen Arabern als bewaffnete Streitkraft gegründet, die Israel zwingen sollte, Land für ein unabhängiges, von Arabern kontrolliertes Palästina abzutreten. Der Schritt entflammte den palästinensischen Nationalismus, der zu einer Reihe von Kriegen und Konflikten führte, die bis heute andauern.

1967 – Der Sechstagekrieg. Der israelische Geheimdienst Mossad deckte arabische Pläne auf, einen unmittelbaren militärischen Angriff auf Israel zu starten. Ausserdem bekam der Mossad heraus, dass Russland umfangreiche Waffenlieferungen an diese arabischen Länder beabsichtigte. Statt auf den Angriff der Araber zu warten, startete Israel seinerseits einen massiven Präventivschlag am Boden und in der Luft gegen Ägypten, Jordanien und Syrien. Obwohl der Gegner um ein Dreissigfaches überlegen war, konnte Israel die ägyptischen Luft- und Seestreitkräfte schnell vernichten und Syrien aus der Luft besiegen. Israelische Panzer stiessen bis zum Suezkanal vor und eroberten unbeschädigt von den Sowjets gebaute Raketenstützpunkte. Der Krieg dauerte weniger als eine Woche, weshalb er Sechstagekrieg genannt wurde. Durch seinen überwältigenden militärischen Sieg kontrollierte Israel die Sinai-Halbinsel, das Westjordanland und die Golanhöhen. Das vervierfachte Israels Staatsgebiet von ca. 20.700 auf ca. 88.000 Quadratkilometer. Zum ersten Mal seit der Zeit der Römer war die Stadt Jerusalem wieder unter jüdischer Kontrolle. Innerhalb weniger Tage nach dem Sieg traf sich Israels Verteidigungsminister Moshe Dayan mit muslimischen Führern an der Al-Aksa-Moschee, gab die administrative Kontrolle über den Tempelberg unerklärlicherweise an die Palästinenser zurück und erklärte Jerusalem zu einer internationalen Stadt.

1973 – Syrien und Ägypten griffen Israel an, während die Juden in ihren Synagogen waren und Jom-Kippur, den Versöhnungstag, feierten. Der drei Wochen dauernde Jom-Kippur-Krieg begann. Das war das letzte Mal, dass das israelische Militär auf einen Angriff nicht vorbereitet war. Wieder griffen die mit russischen Waffen ausgerüsteten Araber Israel in mehreren gleichzeitig stattfindenden Militäroperationen an. Ägypten eroberte grosse Teile des Sinai, während Syrien die Golanhöhen einnahm. Israel war jedoch imstande, die feindlichen Linien zu durchbrechen und den Suezkanal zu überqueren, wodurch die vorrückende ägyptische Armee abgeschnitten wurde. Zur gleichen Zeit konnte Israel die Golanhöhen zurückgewinnen, drängte nach Syrien hinein und stand im Begriff, Damaskus zu erobern, bevor es von einer von den UN erzwungenen Feuerpause gestoppt wurde. Wie die vorangegangenen Kriege gewann Israel auch diesen, erlitt dabei aber enorme Verluste.

1978 – Bei der von US-Präsident Jimmy Carter geleiteten Konferenz in Camp David im US-Bundesstaat Maryland unterzeichneten der ägyptische Präsident Sadat und Israels Ministerpräsident Menachem Begin ein Abkommen, das als der Vertrag von Camp David in die Geschichte einging. Das führte am 26. März 1979 zur Unterzeichnung eines offiziellen Friedensvertrages zwischen den beiden Staaten. Entsprechend diesem Abkommen zog Israel seine Truppen offiziell aus der Stadt Al-Arisch ab und gab den Sinai zurück in die Hände der Ägypter.

1981 – Am frühen Morgen griffen acht israelische F-16-Kampfflugzeuge, begleitet von sechs Maschinen des Typs F-15, einen Ort nahe Bagdad an – 960 Kilometer nördlich ihres Luftwaffenstützpunktes – und zerstörten einen von den Franzosen gebauten Atomreaktor. Israel glaubte, der Irak würde den Reaktor zum Bau von Atomwaffen nutzen, die gegen Israel eingesetzt werden sollten. Offiziell war die Welt entsetzt über Israels Vorgehen, aber insgeheim waren weltweit viele führende Politiker erleichtert darüber, dass der feindselige und unberechenbare Irak nicht zu einer Atommacht werden konnte.

1981 – Am 6. Oktober wurde der ägyptische Präsident Sadat beim Besuch einer Militärparade ermordet. Verantwortlich waren arabische Terroristen, die Sadats freundliche Haltung gegenüber Israel nicht billigten.

Hosni Mubarak, Sadats Nachfolger, öffnete danach Ägyptens Grenze zu Libyen, stand aber weiterhin zum offiziellen Friedensvertrag mit Israel.

1983 – Ein mit Sprengstoff beladener LKW explodierte im Stützpunkt des US-Marines-Corps nahe dem Flughafen in Beirut, Libanon, und tötete 241 US-Militärangehörige, die zur eingesetzten Friedenstruppe gehörten. Ein ähnlicher Anschlag auf den französischen Truppenstützpunkt kostete weitere 58 Soldaten das Leben und zerstörte das Vertrauen auf dauerhaften Frieden in der Region.

1984 – Als Teil der Operation Moses wurden 8.000 Juden heimlich aus Äthiopien gerettet und sicher nach Israel gebracht. In den 1980ern und 1990ern wurden tausende von Juden aus dem Irak, Iran und ehemaligen Teilen der Sowjetunion nach Israel geholt.

1987 – Am 6. Dezember wurde ein Israeli erstochen, während er im Gazastreifen einkaufte. Am nächsten Tag wurden vier Bewohner des Flüchtlingslagers Dschabaliya in Gaza bei einem Verkehrsunfall getötet. Unter den Palästinensern verbreitete sich das falsche Gerücht, dass die vier Unfallopfer von Israelis aus Rache umgebracht wurden. Zwei Tage später kam es zu Massenausschreitungen, die sich im Westjordanland, dem Gazastreifen und Jerusalem ausbreiteten. Diese Unruhen wurden unter der Bezeichnung Intifada bekannt. Die von der PLO organisierte und gegen israelische Soldaten und Bürger gleichermassen gerichtete Gewalt hielt die nächsten Jahre an. In dieser Zeit wurden 27 Israelis getötet und mehr als 3.100 verletzt. Die von der PLO dominierte Vereinte Nationale Führung der Intifada verteilte Flugblätter, die festlegten, an welchen

Tagen die Gewalt eskalieren und wer ihr Ziel sein sollte. Zu den gewalttätigen Methoden gehörten das Werfen von Molotowcocktails und Handgranaten, Schiessereien, Messerstechereien, Bombenanschläge und Säureattentate. Die PLO nutzte die Gelegenheit auch, um Palästinenser zu exekutieren, von denen sie annahm, sie würden mit den Israelis kooperieren.

1990 – Am 2. August fiel Saddam Hussein in Kuwait ein. Vier Tage später verhängte der UN-Sicherheitsrat wirtschaftliche Sanktion gegen den Irak. Am nächsten Tag begannen die USA, Truppen in die Region des Persischen Golfs zu entsenden. Hussein verkündete, dass jede militärische Aktion gegen den Irak einen Schlag gegen Israel nach sich ziehen werde. Der irakische Aussenminister Tarik Aziz drohte den Einsatz von Chemiewaffen an, sollte Israel zurückschlagen. Am 23. Dezember gab Saddam Hussein bekannt, dass Tel Aviv sein erstes Ziel wäre, falls der Irak angegriffen würde.

1991 – Der Golfkrieg begann am 15. Januar. In den nächsten fünf Wochen wurden 38 Scud-Raketen vom Irak aus auf Israel abgefeuert, was ein Todesopfer und 172 Verletzte zur Folge hatte. Am 28. Februar endete der Golfkrieg mit der Vertreibung der irakischen Armee aus Kuwait durch die US-geführten multinationalen Streitkräfte.

1993 – Am 20. August unterzeichnete Israel im Geheimen ein Friedensabkommen mit der PLO in Oslo, Norwegen. Mehrere Tage später unterzeichneten beide Parteien ein Schreiben, das das Existenzrecht beider Seiten offiziell anerkannte. Am 13. September fand der historische Handschlag zwischen Israels Ministerpräsident Itzhak Rabin und dem PLO-Führer Jasir Arafat statt. Am 23. September ratifizierte die israelische Knesset das Osloer Abkommen mit einem Stimmenverhältnis von 61 zu 50 bei 8 Enthaltungen. Ein Jahr später wurden Rabin und Arafat mit dem Friedensnobelpreis ausgezeichnet.

1995 – Der israelische Ministerpräsident Itzhak Rabin wurde von einem jüdischen Extremisten auf einer Friedenskundgebung ermordet. Staatsoberhäupter aus aller Welt, einschliesslich des jordanischen Königs Hussein und des ägyptischen Präsidenten Mubarak, wohnten Rabins Beerdigung in Jerusalem bei. Yigal Amir wurde später wegen Mordes angeklagt. Die Zukunft der Verhandlungen zwischen Israel und der PLO war nun unsicher.

1996 – Jerusalem feierte sein 3000-jähriges Bestehen als Hauptstadt des jüdischen Staates, zurückreichend bis zur Eroberung der Stadt in biblischen Zeiten durch König David. Im selben Jahr gab der frisch gewählte israelische Ministerpräsident Benjamin Netanjahu die Eröffnung eines archäologischen Tunnels entlang der Westmauer in Jerusalem bekannt, was eine Reihe palästinensischer Proteste auslöste, bei denen 14 Israelis und 56 Palästinenser starben.

1998 – Al-Qaida-Terroristen verübten gleichzeitig Bombenanschläge auf die US-Botschaften in Nairobi, Kenia, Daressalam und Tansania, die 224 Tote und mehr als 4.000 Verwundete zur Folge hatten. Der islamische Terroristenführer Osama bin Laden wurde später als Drahtzieher hinter den Massakern bestätigt. Israelische Verteidigungskräfte halfen bei der Rettungsaktion in Nairobi. Im selben Jahr unterzeichneten Netanjahu und Arafat das Wye-Abkommen, das den weiteren Rückzug israelischer Truppen und die Ausweitung der palästinensischen Autonomiegebiete im Westjordanland und im Gazastreifen vorsah. Das fand im Weissen Haus statt in der Anwesenheit des US-Präsidenten Bill Clinton und des Königs Hussein von Jordanien.

2000 – US-Präsident Bill Clinton versuchte, einen Friedensvertrag zwischen dem israelischen Ministerpräsidenten Ehud Barak und dem Palästinenserpräsidenten Jasir Arafat auszuhandeln. Barak stimmte den Vertragsbedingungen zu, aber Arafat weigerte sich und machte schmerzlich deutlich, dass die Palästinenser in Wirklichkeit keinen Frieden mit Israel wollen.

11. September 2001 – Al-Qaida-Terroristen entführten mehrere Passagierflugzeuge und flogen drei von ihnen in die Zwillingstürme des World Trade Centers in New York und das Pentagon in Washington D.C. Fast 3.000 Menschen kamen ums Leben. Tausende Palästinenser und andere Muslime feierten in den Strassen, während der Rest der Welt trauerte und sein Entsetzen zum Ausdruck brachte. Die Vereinigten Staaten schlugen zurück, indem sie in das von Al-Qaida beherrschte Afghanistan einmarschierten und in einem islamischen Staat eine demokratisch gewählte Regierung einsetzten.

2002 – Israel stellte eine Sicherheitstruppe entlang des Westjordanlands auf, die dem Eindringen zukünftiger Terroristen nach Israel vorbeugen sollte. Der israelische Ministerpräsident Ariel Sharon traf sich mit US-Präsident George W. Bush, der einen Friedensplan unterbreitete (bekannt als Road Map), der die Schaffung eines dauerhaften Palästinenserstaates vorsah.

2005 – Mahmud Abbas wurde zum neuen Präsidenten der Palästinensischen Autonomiebehörde gewählt, um Jasir Arafat zu ersetzen, der nur zwei Monate zuvor in Paris, Frankreich, gestorben war. Anfang 2006 erlitt Ariel Sharon einen schweren Schlaganfall und Ehud Olmert übernahm sein Amt.

2006 – Nach einer Reihe von Luft- und Raketenangriffen zwischen Israel und der Hisbollah im Libanon verkündete der iranische Präsident Mahmud Ahmadinedschad, dass Israel eines Tages «ausgelöscht» würde, so wie es der Sowjetunion ergangen war. Das sicherte ihm den Applaus von Teilnehmern einer Kundgebung in Teheran, die den Holocaust leugneten.

2007 – Israels Luftwaffe zerstörte einen vermuteten Atomreaktor in Syrien, der mit Hilfe Nordkoreas gebaut wurde.

2008 – Weitreichender Konflikt im Gazastreifen als Reaktion auf den anhaltenden Raketenbeschuss in der westlichen Negev.

2010 – Die Bewegung Freies Gaza schickt mehrere Schiffe, die von israelischen Marineeinheiten gestoppt werden. Diese Ereignisse waren Teil einer umfangreicheren Blockade des Gazastreifens. An Bord eines Schiffes kamen neun Aktivisten ums Leben. Mehrere Passagiere und israelische Soldaten wurden verwundet.

2011 – Die israelische Botschaft in Kairo wird von etwa 3.000 ägyptischen Demonstranten angegriffen.

2012 – Durchführung der Operation Wolkensäule, während der zahlreiche Ziele der Hamas im Gazastreifen ins Visier genommen wurden als Reaktion auf den anhaltenden Raketenbeschuss in der westlichen Negev.

2014 – Nachdem die Hamas und andere militante Palästinensergruppen Israel vom Gazastreifen aus unter massiven Raketenbeschuss genommen hatten, startete Israel die so genannte Operation Protective Edge. Diese beinhaltete gezielte Luftschläge und die Zerstörung von Hamas-Tunneln, die unterirdisch auf israelisches Territorium führten. Nach 50 Tagen der Zerstörung hielt die 12. Feuerpause. Die ersten elf Feuerpausen wurden allesamt von der Hamas in Gaza gebrochen. Die Situation bleibt angespannt, obwohl Israel zahlreiche betonierte Tunnel zerstörte, die die Hamas gebaut hatte, um nach Israel eindringen zu können.

Diese Liste mit wichtigen Ereignissen zeigt uns deutlich, dass sich der heutige Staat Israel in einer äusserst einzigartigen und prekären Lage befindet. Es ist offensichtlich, dass Gott auf besondere Weise wirkt. Nahezu 2.000 Jahre sind vergangen, bevor das jüdische Volk wieder zu einer eigenen Nation wurde. Der Prophet Jesaja fragte: «Wurde je ein Land an einem Tag zur Welt gebracht?» (s. Jes 66,8). Im Fall von Israel ist die Antwort ein klares Ja!

Israel musste wieder in sein altes Heimatland zurückkehren, damit die Bühne bereitet werden konnte für die Erfüllung der biblischen Prophezeiungen über die letzten Tage. Israel muss als Nation in seinem eigenen Land leben, damit die Endzeit beginnen kann. So unglaublich es klingen mag, die Existenz Israels heute ist der wichtigste Beweis dafür, dass Gott die biblische Prophetie auch weiterhin wörtlich erfüllt. Er sagte, Israel würde eines Tages wieder gesammelt werden, und so kam es auch – zu seiner Verherrlichung und Ehre.

ANHANG 2

HÄUFIG GESTELLTE FRAGEN ÜBER ISRAEL UND DIE ENDZEIT

Wenn ein Ungläubiger das Evangelium vor der Drangsalszeit hört, versteht und ablehnt, kann er dann in der Drangsalszeit noch errettet werden?

Wir glauben, dass Ungläubige in der Drangsalszeit noch die Möglichkeit haben, errettet zu werden, ganz gleich, wie sehr sie vor der Entrückung mit dem Evangelium in Berührung gekommen sind.

Wer behauptet, Ungläubige, die das Evangelium vor der Entrückung abgelehnt haben, könnten in der Drangsalszeit nicht mehr errettet werden, stützt seine Argumentation auf 2. Thessalonicher 2,10-12:

> «...und aller Verführung der Ungerechtigkeit bei denen, die verloren gehen, weil sie die Liebe zur Wahrheit nicht angenommen haben, durch die sie hätten gerettet werden können. Darum wird ihnen Gott eine wirksame Kraft der Verführung senden, sodass sie der Lüge glauben, damit alle gerichtet werden, die der Wahrheit nicht geglaubt haben, sondern Wohlgefallen hatten an der Ungerechtigkeit.»

Vertreter dieser Sicht meinen, Gott würde die Ungläubigen durch den Antichristen aktiv täuschen. Obwohl das stimmt, weist nichts in dieser Stelle darauf hin, dass die Kraft der Verführung kommt, weil ein Mensch dem Evangelium vor der Entrückung nicht geglaubt und es abgelehnt hat. Aufgrund einer Reihe von Gründen glauben wir, dass 2. Thessalonicher 2,10-12 diese Sicht nicht stützt.

1. 2. Thessalonicher 2 sagt nichts darüber, dass ein Mensch das Evangelium hört, versteht und es dann ablehnt. Wir finden eine allgemeine Aussage über jene, die die Wahrheit nicht lieben. Somit werden alle Ungläubigen in einer einzigen Gruppe zusammengefasst. Diese Stelle bietet keine Grundlage für den Gedanken, dass es irgendeine Untergruppe von Ungläubigen gibt, die das Evangelium gehört, verstanden und abgelehnt haben.

2. Der Kontext der ganzen Stelle bezieht sich auf das, was während der zukünftigen Drangsalszeit passieren wird. Der Kontext der Aussage «sie haben die Liebe zur Wahrheit nicht angenommen» (V. 10) ist die Drangsalszeit. Somit spricht 2. Thessalonicher 2 über die Reaktion von Ungläubigen in der Drangsalszeit.

Würde sich die Stelle auf eine ungläubige Reaktion vor der Drangsalszeit beziehen mit dem Ergebnis, dass eine derartige Entscheidung das Schicksal eines Menschen während der Drangsalszeit bestimmt, dann wäre die Stelle wahrscheinlich anders formuliert worden, um diese Botschaft zu vermitteln. Da das nicht so ist, bietet sie auch keine Unterstützung für diese Sicht.

Die Aussage «und dann wird der Gesetzlose geoffenbart werden» (V. 8) stützt die Sichtweise, dass die in den Versen 8-12 beschriebenen Ereignisse in der Drangsalszeit stattfinden werden. Anders ausgedrückt, das Wort «dann» macht einen Wechsel deutlich von der gegenwärtigen Zeit der Gemeinde zu der noch zukünftigen Drangsalszeit. Nichts in den Versen 8-12 nimmt einen Teil dieser Stelle aus dem Kontext der Drangsalszeit. Die meisten dürften zustimmen, dass die Verse 8-9 vom Antichrist in der Drangsalszeit handeln. Vers 10 bezieht sich eindeutig auf den vorangegangenen Kontext und spricht von Dingen, die sich während der Drangsalszeit ereignen werden.

3. Die Verse 11-12 liefern eine nähere Erläuterung der Verse 8-10. Dass Paulus in «Gott wird ihnen eine wirksame Kraft der Verführung senden» das Futur des Verbs gebrauchte, scheint nach Ansicht einiger die Vorstellung zu stützen, dass damit ein zukünftiger verführender Einfluss gemeint ist. Aber das Futur stützt diese Sicht nicht. Vielmehr bezieht es sich auf die gesamte Aussage in den Versen 11-12. Das Futur in dieser Stelle bezieht sich sowohl auf die Taten des Unglaubens (während der Drangsalszeit) als auch auf Gottes Gericht darüber. Vers 12 nennt den Grund für Gottes Gericht in der Drangsalszeit: das Richten des Unglaubens.

Die Bibel lehrt, dass die ganze Menschheit gefallen und verdorben ist (1Mo 6,5; 8,21; Jer 17,10; Eph 4,17-18). Von Adam bis heute werden alle Ungläubigen als geistlich tot (Eph 2,1-3) und blind (2Kor 4,4) beschrieben. Daher bedarf es des übernatürlichen Wirkens des Heiligen Geistes, damit ein Mensch dem Evangelium glaubt und die Augen eines Sünders für Gottes Gnadenangebot geöffnet werden.

Wenn wir uns selbst überlassen werden, lehnen wir das Evangelium ab, wenn wir es hören. Welcher geistlich tote und blinde Sünder hat das Evangelium jemals gehört und verstanden ohne das wundersame Wirken Gottes? Keinem Sünder ist dies von selbst gelungen. Nein, ohne Gottes souveränes Wirken werden Ungläubige auch weiterhin in ihrem Unglauben verharren und das Evangelium ablehnen, sowohl in der gegenwärtigen Zeit der Gemeinde als auch in der zukünftigen Drangsalszeit. Daher wird jeder Ungläubige in der Drangsalszeit die Gelegenheit bekommen, das Evangelium zu hören und ihm zu glauben, ganz gleich wie stark er vor der Entrückung damit in Kontakt gekommen ist.

Offenbarung 13,8-10 sagt Folgendes in Verbindung mit dem Aufstieg des Antichristen zur Mitte der Drangsalszeit:

> Und alle, die auf der Erde wohnen, werden es anbeten, deren Namen nicht geschrieben stehen im Buch des Lebens des Lammes, das geschlachtet worden ist, von Grundlegung der Welt an. Wenn jemand ein Ohr hat, der höre! Wenn jemand in Gefangenschaft führt, so geht er in die Gefangenschaft; wenn jemand mit dem Schwert tötet, so soll er durchs Schwert getötet werden. Hier ist das standhafte Ausharren und der Glaube der Heiligen!

Solche Worte über Glauben und Unglauben in der Drangsalszeit – in Verbindung mit dem Antichristen – unterstützen nicht die Sicht, dass einige in der Drangsalszeit nicht errettet werden können. Stattdessen sprechen sie von dem Schicksal als dem Faktor, der über die Errettung eines Menschen entscheidet: der souveräne Wille Gottes! Anders ausgedrückt, jeder, der während der Drangsalszeit errettet wird, wird dies auf derselben Grundlage, wie die Menschen in der heutigen Zeit der Gemeinde errettet werden – indem er dem Evangelium glaubt und Christus im Glauben als seinen Erlöser annimmt.

Vertreter der Sicht, dass jene, die das Evangelium zuvor schon gehört und abgelehnt haben, in der Drangsalszeit nicht errettet werden können, sagen, dass einige Ungläubige eine «zweite Chance» bekämen, wenn ihr Standpunkt falsch wäre. Dieser Gedanke basiert auf einer falschen Annahme. Die Vorstellung von einer zweiten Chance, die niemand je bekommen wird, bezieht sich auf verstorbene Menschen, die ohne Christus in die Ewigkeit gegangen sind. Das trifft nicht auf Ungläubige zu, die bei der Entrückung zurückgelassen wurden. Vielmehr werden alle Ungläubigen von einer Geschichtsphase (der Zeit der Gemeinde) in eine andere übergehen (die Drangsalszeit). Sie verlassen die Geschichte nicht und gehen in die Ewigkeit. Alle Ungläubigen, die von der Zeit der Gemeinde in die Drangsalszeit wechseln, werden weiterhin die Gelegenheit haben, Christus anzunehmen, bis sie entweder errettet oder getötet wurden oder das Zeichen des Tieres angenommen haben.

Wir sehen, dass 2. Thessalonicher 2 die «Karriere» des Antichristen in der Drangsalszeit zusammenfasst. Nichts in diesem Text weist auf eine Beziehung hin zwischen Dingen in der Drangsalszeit und der Zeit der Gemeinde.

Ausserdem glauben wir, dass Millionen von Ungläubigen in der Drangsalszeit errettet werden. Dafür können wir alle dankbar sein. Zu den Erretteten werden Menschen gehören, die das Evangelium vor der Entrückung viele Male gehört haben. Derweil sollten wir Gläubigen keine Mühen scheuen, das Evangelium der Gnade Gottes zu predigen, damit so viele Menschen zum Glauben kommen wie möglich und auf diese Weise den Schrecken der Drangsalszeit entkommen.

Noch eine Randbemerkung: Auch wenn wir sehr daran interessiert sind, dass so viele Menschen wie möglich zu Christus kommen, heiligt der Zweck nicht die Mittel. Bei unserer Verkündigung sollten wir die Grenzen der Schrift nicht überschreiten. Wenn wir den Menschen etwas androhen, was Gott in seinem Wort nicht vorgesehen hat, wird nicht eine einzige Person errettet werden, die nicht auch so zum Glauben gekommen wäre. Menschen werden errettet durch die Predigt des Evangeliums in Verbindung mit der Kraft des Heiligen Geistes – eine Kraft, die nur Gott geben kann. Gleichzeitig dürfen wir die Menschen aber inständig bitten, Christus als ihren Erlöser anzunehmen, solange sie noch können, und nicht mit ihrem ewigen Schicksal zu spielen. Wir können ihnen weitergeben, was die Bibel sagt: «Siehe, jetzt ist die angenehme Zeit; siehe, jetzt ist der Tag des Heils!» (2Kor 6,2).

Offenbarung 11 spricht von zwei Personen, die als die «zwei Zeugen» bezeichnet werden. Wer sind sie, und was ist ihre Absicht in der Drangsalszeit?

Offenbarung 11,3-14 zufolge werden in der Drangsalszeit zwei einzigartige Zeugen aufstehen, die das Evangelium 1.260 Tage lang verkünden werden. Ihr übernatürlicher Dienst steht in Verbindung mit Jerusalem und der Nation Israel, wo sie ein besonderes Zeugnis von Gottes Gerichtsplan ablegen werden.

Einige vermuten, dass die beiden Zeugen Henoch und Elia sein werden, da beide lebend in den Himmel entrückt wurden, ohne zu sterben (1Mo 5,24; 2Kö 2,11). Sie zitieren Hebräer 9,27: «Und so gewiss es den Menschen bestimmt ist, einmal zu sterben, danach aber das Gericht.» Daher denken sie, dass beide Männer zurückkommen und sterben werden. Allerdings dürfen wir nicht vergessen, dass auch die, die bei der Entrückung lebend in den Himmel kommen, nicht sterben werden (1Thes 4,13-18).

Die meisten Prophetielehrer haben die beiden Zeugen als Mose und Elia identifiziert oder als zwei jüdische Prediger, die im Geist von Mose und Elia kommen werden. Zu den Gründen zählt unter anderem die Tatsache, dass Mose und Elia als Zeugen bei der Verklärung Christi auftraten, die auf das zweite Kommen Jesu vorausschaute (Mt 17,3). Ausserdem sagt Maleachi 3,23, dass Gott noch einmal Elia nach Israel senden wird, «ehe der grosse und furchtbare Tag des Herrn kommt.» Da der eine deutlich identifiziert wurde, ist es wahrscheinlich, dass Mose Elia bei diesem Dienst in der Drangsalszeit unterstützen wird.

Diese beiden Personen, die von Gott speziell als Zeugen für Jerusalem und Israel ernannt wurden, werden wahrscheinlich in der ersten Hälfte der Drangsalszeit auftreten. Wie die alttestamentlichen Propheten werden die zwei Zeugen Wunder wirken können, und Gott wird sie vor denen beschützen, die versuchen, ihnen vor Ende ihres Dienstes etwas anzutun. Wie Mose werden sie Wasser in Blut verwandeln, und wie Elia werden sie Feuer vom Himmel herabkommen lassen (Offb 11,3-6). Dreieinhalb Jahre werden sie in Jerusalem dienen, ohne dass ihnen jemand Schaden zufügt. Am Ende der 1.260 Tage wird Gott seinen besonderen Schutz von ihnen nehmen, sodass der Antichrist sie töten kann. Ihre Körper werden dreieinhalb Tage lang auf den Strassen Jerusalems liegen gelassen; danach wird Gott sie auferwecken und in den Himmel entrücken. Nach ihrer Entrückung in den Himmel wird ein grosses Erdbeben stattfinden, ein Zehntel Jerusalems zerstören und 7.000 Menschen töten (Offb 11,13).

Die zwei Zeugen werden mit Sacktuch bekleidet sein (Offb 11,3), was symbolisch die Tatsache unterstreicht, dass sie Propheten des Gerichts sind (s. Jes 37,1-2; Dan 9,3). Obwohl Jerusalem als Stadt ihres Dienstes nicht namentlich genannt wird, sagt Offenbarung 11,8: «Und ihre Leichname werden auf der Strasse der grossen Stadt liegen, die im geistlichen Sinn Sodom und Ägypten heisst, wo auch unser Herr gekreuzigt worden ist.» Der Hinweis auf die Kreuzigung lässt keine andere Stadt als Jerusalem zu. Und die Anspielung auf Sodom und Ägypten macht deutlich, dass in dieser Zeit ein ausschweifendes Verhalten in der Stadt herrschen wird und Juden vom Antichristen verfolgt werden.

Ist der grösste Teil der biblischen Prophetie bereits erfüllt worden?

Unterschiedliche Formen des so genannten Präterismus lehren, dass alle oder die meisten biblischen Prophezeiungen bei der Zerstörung Jerusalems im Jahr 70 n.Chr. erfüllt wurden. Die präteristische Theologie lehnt die zukünftige Erfüllung von Prophezeiungen ab, die mit der Entrückung, der Drangsalszeit, der Rückkehr Israels ins verheissene Land, dem Aufstieg des zukünftigen Antichristen, der Schlacht von Harmagedon und in manchen Fällen sogar mit der buchstäblichen Rückkehr Jesu Christi zu tun haben.

Präteristen behaupten, wichtige prophetische Teile der Schrift – wie z.B. die Rede auf dem Ölberg und das Buch der Offenbarung – hätten sich in Ereignissen erfüllt, die im ersten Jahrhundert um die Zerstörung Jerusalems durch die Römer herum stattfanden. Sie meinen, sie sähen sich zu dieser Sichtweise gezwungen, weil Matthäus 24,34 und seine Parallelstellen sagen, dass «dieses Geschlecht nicht vergehen wird, bis dies alles geschehen ist.» Ihrer Ansicht nach bedeutet das, dass die Prophezeiungen während des ersten Jahrhunderts erfüllt worden sein müssen. Sie glauben an eine lokale Erfüllung in Jerusalem in der Vergangenheit, nicht an eine weltweite Erfüllung in der Zukunft. Aufgrund ihrer Ansicht, dass die Prophezeiungen im Buch der Offenbarung im ersten Jahrhundert erfüllt worden sein müssen, glauben die meisten Päteristen, wir würden derzeit zumindest in einem neuen Himmel und einer neuen Erde leben.

Die präteristische Sicht reduziert zu grossen Teilen die Hoffnung auf die zukünftige Erfüllung von Hunderten bedeutender biblischer Prophezeiungen. Beispielsweise lehren die meisten Präteristen, dass der Teufel bereits durch die Macht des Kreuzes gebunden ist. Daher sehen sie auch kein zukünftiges Binden des Teufels, wie es in Offenbarung 20,1-3 beschrieben wird. Diese Verse lehren aber, dass der Teufel mit einer grossen Kette gebunden und in den Abgrund geworfen wird, aus dem er nicht entkommen kann, um die Völker zu verführen. Die Tatsache, dass Menschen auf der ganzen Welt heute verführt werden, widerlegt die präteristische Sicht. Die Apostel Paulus und Petrus sprachen von dem gegenwärtigen Widerstand des Teufels lange nach dem Kreuz (2Kor 12,7; Eph 2,2; 1Petr 5,8). Der Teufel wird erst am Anfang der tausendjährigen Herrschaft Christi auf Erden vollständig gebunden werden.

Wann wird die Entrückung stattfinden?

Die Bibel sagt deutlich, dass es eine Entrückung geben wird (dann werden «die Entschlafenen durch Jesus» und die, die «leben und bis zur Wiederkunft des Herrn übrig bleiben», entrückt, um dem Herrn in der Luft zu begegnen [1Thes 4,13-18]). Die grosse Frage ist nur: *Wann* wird sie stattfinden?

Christen, die glauben, dass der Herr die Gemeinde *vor* der siebenjährigen Drangsalszeit aus der Welt entrücken wird, werden als *Prätribulationisten* bezeichnet («prä» = vor). Unserer Ansicht nach gibt der Prätribulationismus die Antwort auf die Frage, warum die Entrückung stattfindet. Der Prätribulationismus verbindet mit der Entrückung eine klar erkennbare Absicht, die mit Gottes vielschichtigem Plan mit der Geschichte übereinstimmt.

Für andere Sichtweisen ist die Entrückung eher ein Problem, das ihrem Gesamtbild im Weg steht, als eine glückselige Hoffnung.

Diese anderen Standpunkte müssen die Entrückung mühsam in ihre prophetischen Pläne einbauen, da sie keinen echten Zweck für dieses Ereignis finden.

Würden die Entrückung und das zweite Kommen Christi zusammenfallen, so wie es der *Posttribulationismus* behauptet, wäre es seltsam, wenn Gläubige in den Himmel geführt (entrückt) würden, obwohl Christus gleichzeitig auf die Erde zurückkehrt (das zweite Kommen), um dort 1.000 Jahre zu herrschen. So ein «rauf und gleich wieder runter» würde der Entrückung jeglichen Sinn rauben. Der Prätribulationismus hat diese internen Probleme nicht. Er lebt vielmehr von seiner Lehre, dass die Entrückung der Drangsalszeit vorausgeht und sich daran das zweite Kommen Christi anschliesst. Berücksichtigen Sie die biblischen Auswirkungen der Entrückung und fragen Sie sich, welche Ansicht über ihren Zeitpunkt besser zu diesen Absichten passt.

1. Thessalonicher 4,17 spricht von der Verwandlung des gegenwärtigen Körpers der Gläubigen in ihren verherrlichten Auferstehungskörper, in dem sie dem Herrn in der Luft begegnen werden. Die Bibel berichtet von ähnlichen Begegnungen in der Vergangenheit, aber die Entrückung der Gemeinde wird das erste Gruppentreffen in der Geschichte sein. In der Vergangenheit hat unser Herr nur einzelne Personen unmittelbar in den Himmel geholt. Bei der Entrückung wird er eine riesige Menge zu sich holen. Sind Sie bereit?

Die einzelnen Berichte von Entrückungen in der Schrift beschreiben Begebenheiten, in denen Gott einen Gläubigen ins nächste Leben transportiert, ohne dass er den Fluch des Todes erfährt. Lassen Sie uns einige Entrückungen aus der Vergangenheit anschauen.

Was den biblischen Bericht angeht, war Henoch die erste Person, die entrückt und zum Herrn geholt wurde. 1. Mose 5,24 beschreibt Henochs Entrückung in den Himmel so: «Und Henoch wandelte mit Gott, und er war nicht mehr, denn Gott hatte ihn hinweggenommen.» Was ist damit gemeint, dass Henoch «nicht mehr war, denn Gott hatte ihn hinweggenommen»? Es bedeutet, dass Henoch verwandelt wurde, ohne zu sterben, und direkt zum Herrn ging. Er wurde entrückt, um die Sprache aus 1. Thessalonicher 4,17 zu verwenden, oder er wurde zu Christus genommen, wie es in Johannes 14,3 heisst. Dass Henoch in den Himmel entrückt oder genommen wurde, wird deutlich, wenn man es mit dem immer wiederkehrenden Ausdruck «und er starb» vergleicht, der das Vermächtnis der anderen Patriarchen in 1. Mose 5 begleitet.

Henochs Entrückung wird in Hebräer 11,5 bestätigt: «Durch Glauben wurde Henoch entrückt, sodass er den Tod nicht sah, und er wurde nicht mehr gefunden, weil Gott ihn entrückt hatte; denn vor seiner Entrückung wurde ihm das Zeugnis gegeben, dass er Gott wohlgefallen hatte.» Das mit «entrückt» (metetethé) übersetzte neutestamentliche griechische Wort ist dasselbe, das die Übersetzer des Alten Testaments ins Griechische verwendet haben. Es beinhaltet den Gedanken, von einem Ort zu einem anderen versetzt zu werden. Somit ist klar, dass sowohl die Stelle in 1. Mose als auch die dreifach erwähnte Entrückung Henochs im Hebräerbrief die Vorstellung lehren, dass er in den Himmel aufgenommen wurde.

Henoch wird auch in Judas 1,14-15 erwähnt, aber nicht in Verbindung mit seiner Entrückung in den Himmel. Judas spricht davon, dass Henoch über Gottes Gericht in Verbindung mit dem zweiten Kommen Christi weissagte. Dass über ihn berichtet wird, er habe «geweissagt», macht ihn zu einem Propheten. Die Tatsache, dass wir Henoch einen Propheten nennen können, verbindet ihn mit dem Propheten Elia, der ebenfalls in den Himmel entrückt wurde.

Elia wird oft als Stellvertreter der Propheten Israels angesehen. In der Drangsalszeit wird er erneut auftreten (Mal 3,23), und zusammen mit Mose gehörte er zu den beiden Zeugen aus der Vergangenheit, die bei der Verklärung Christi erschienen (Mt 17,3). Wie Henoch wurde Elia in den Himmel genommen, ohne zu sterben. 2. Könige 2 berichtet von diesem interessanten Ereignis und betont, dass Elia «im Sturmwind» in den Himmel auffuhr (V. 1). Später in Vers 11 wird der Sturmwind als «ein feuriger Wagen mit feurigen

Pferden» beschrieben. Unserer Ansicht nach erschien in diesem Augenblick die Schechina-Herrlichkeit Gottes, denn in Hebräer 1,7 lesen wir: «Von den Engeln zwar sagt er: ‹Er macht seine Engel zu Winden und seine Diener zu Feuerflammen›». Gott stellte Elia als einen echten Propheten heraus, indem er ihn mit seiner eigenen Herrlichkeit und der Entrückung in den Himmel auszeichnete.

Im Neuen Testament finden sich weitere Beispiele für Entrückungen. In diesen Stellen wird zwar nicht die Entrückung der Gemeinde gelehrt, aber sie festigen unser Verständnis, dass die Entrückung den Transfer einer Person von einem Ort zu einem anderen beinhaltet. Nachdem er dem äthiopischen Kämmerer das Evangelium gebracht hatte, wurde Philippus vom Geist Gottes «entrückt» und anschliessend «in Asdod gefunden» (Apg 8,39-40), das mehrere Kilometer entfernt lag.

Der Apostel Paulus erwähnt, dass er «bis in den dritten Himmel entrückt wurde» und dort «Erscheinungen und Offenbarungen des Herrn» empfing (2Kor 12,1-4). Paulus' Reise in den Himmel erinnert uns daran, wie Jesaja einen Auftrag im Thronsaal bekam (Jes 6,1-13). Möglicherweise wurde auch Jesaja in den Himmel entrückt. Paulus empfing bei seiner Entrückung einen Auftrag, eine Botschaft und Offenbarung, die zur Grundlage der Gemeinde in diesem Zeitalter wurde, die «in früheren Generationen den Menschenkindern nicht bekannt gemacht wurde, wie es jetzt seinen heiligen Aposteln und Propheten durch den Geist geoffenbart worden ist» (Eph 3,5).

Es erinnert an Elia, wenn die zwei Zeugen in Offenbarung 11 in einer «Wolke in den Himmel» aufsteigen (V. 12). Diese auf besondere Weise beauftragten und beschützten Zeugen werden unserem Herrn in der Drangsalszeit als Botschafter für das jüdische Volk dienen. Doch trotz ihres wunderwirkenden Dienstes werden sie vom Antichristen getötet, anschliessend auferstehen und dreieinhalb Tage später in den Himmel entrückt werden. Die Entrückung dieser beiden Personen bezeugt die umfangreichere Entrückung der Gemeinde, die sich zu diesem Zeitpunkt schon ereignet haben wird. In ähnlicher Weise sagt Offenbarung 12,5, dass der «Sohn [Jesus] ... zu Gott und seinem Thron entrückt [Gr. *harpazo*] wurde.» In dieser Stelle wird die Himmelfahrt Jesu mit demselben griechischen Wort beschrieben, das auch in 1. Thessalonicher 4,17 von der Entrückung der Gemeinde spricht.

Die Bibel liefert uns sechs, möglicherweise sogar sieben Beispiele von Entrückungen von Einzelpersonen. Das dient als zusätzlicher Beweis für die Vorstellung, dass auch die Gemeinde entrückt wird (s. 1Thes 4). Wer den Gedanken an eine Entrückung zurückweist, deutet an, dass das weltweite Verschwinden von Millionen von Menschen kaum als realistische Möglichkeit anzusehen ist. Das ist aber nicht der Fall, solange die Bibel das Kriterium für die Grundlage von möglichen Szenarien ist. Die Bibel zeigt, dass es bereits mehrere Entrückungen oder Reisen direkt in den Himmel gab. Das verleiht uns die Sicherheit, dass Gott Millionen von Menschen in einem Augenblick entrücken kann. Anders lautende Argumente haben keine biblische Basis.

Warum ist die prätribulationistische Sicht von der Entrückung so wichtig?

Nur die prätribulationistische Sicht von der Entrückung ergibt einen Sinn, der die Absicht der Entrückung nicht nur am besten erklärt, sondern es auch erforderlich macht, dass die Gemeinde vor der Drangsalszeit entrückt wird. Andere Standpunkte müssen eine Entrückung irgendwo unterbringen – während oder nach der Drangsalszeit, vor dem Tausendjährigen Reich oder am Ende der Zeit vor der Ewigkeit. Doch alle diese Sichtweisen verneinen den Hauptgrund für die Entrückung: Gottes Plan, die Christen vor seinem weltweiten Gericht von der Erde zu nehmen, und dass Gott diese Zeit nutzt, um den Gläubigen ihren Lohn zu geben und das Hochzeitsmahl des Lammes zu feiern. Da die Gläubigen bereits im Himmel sind, macht es Sinn, wenn sie Christus bei seinem zweiten Kommen auf die Erde begleiten.

Wer einen anderen Standpunkt hinsichtlich des Zeitpunkts der Entrückung vertritt, bekommt hingegen Probleme. Posttribulationisten kreieren beispielsweise eine unmögliche Situation, indem sie die Entrückung und das zweite Kommen Christi miteinander verknüpfen, denn dann werden alle Gläubigen bei der Rückkehr Christi entrückt, was bedeutet, dass beim Gericht über die Schafe und Böcke keine Gläubigen mehr vorhanden sind (Mt 25,32-46) und es keine Gläubigen auf der Erde gibt, die in ihrem nicht verwandelten Körper dazu beitragen könnten, das Tausendjährige Reich zu bevölkern. Vergessen Sie nicht, dass Christus während seiner tausendjährigen Herrschaft «mit eisernem Stab» regieren wird (Offb 19,15). Das wäre nicht nötig, würden alle Gläubigen am Ende der Drangsalszeit (während seines zweiten Kommens) entrückt, da dann alle einen verwandelten und vollkommenen Körper besitzen.

Für den Prätribulationismus ist der Sinn der Entrückung klar. Dieses Ereignis ist nötig, um die Gemeinde von der Erde wegzunehmen, damit Gott seinen noch unvollendeten Plan mit Israel beenden kann – die Bekehrung Israels und die Erfüllung vieler Segnungen, die für das Tausendjährige Reich vorhergesagt sind. Das Ende des Gemeindezeitalters und die damit verbundene Entrückung der Gemeinde sind erforderlich, um zu vermeiden, dass die unterschiedlichen Absichten mit den beiden Völkern Gottes (Israel und die Gemeinde) in Konflikt kommen. Da in der Zeit der Gemeinde jüdische und nichtjüdische Christen im Leib Christi gleichgestellt sind (Eph 2,13-16), muss sie enden, bevor unser Herr zurückkehren und die Nation Israel wieder vollständig herstellen kann (Apg 15,15-18). Gottes Plan mit der Geschichte enthält viele Ebenen (Eph 3,8-10) – Israel dient ihm als sein irdisches Volk und die Gemeinde als seine himmlische Braut.

Gott hat seinen Plan mit Israel vorübergehend ausgesetzt, indem er sein auserwähltes Volk in der «Zeit der Heiden» in alle Welt zerstreute (Lk 21,24). In der Zwischenzeit hat Gott die Gemeinde gebaut. Wenn es an der Zeit ist, dass unser Herr Israel «zum Haupt und nicht zum Schwanz setzen» wird (5Mo 28,13), muss die Gemeinde verschwunden sein, denn Israel einerseits und die gleichgestellte Beziehung zwischen jüdischen und nichtjüdischen Christen andererseits können nicht beide gleichzeitig Vorrang haben. Die Entrückung der Braut Christi wird die Zeit der Gemeinde beenden und die Geschichte in eine Zeit zurückkehren lassen, in der Gott seinen Plan durch sein auserwähltes Volk Israel ausführen wird.

So wie die ersten 69 Wochen (von je sieben Jahren) aus Daniel 9,24-27 unter dieser Verwaltung standen, wird es auch die letzte Woche (7 Jahre), die wir als Drangsalszeit kennen. So wie sich Gott in den ersten 69 Jahrwochen (483 Jahre) mit Israel beschäftigte (vom Erlass zum Wiederaufbau Jerusalems bis zum Tod des Messias), wird er sich auch in der letzten Jahrwoche (7 Jahre) hauptsächlich mit seinem irdischen Volk befassen. Warum sollten wir annehmen, dass die Gemeinde Teil der letzten sieben Jahre sein wird, da sie es doch in den ersten 69 Jahrwochen nicht gewesen ist?

Nach der Entrückung wird der Herr in der Drangsalszeit die Menschen richten, «die auf der Erde wohnen» (Offb 3,10), weil sie ihn abgelehnt haben. Dann wird er die Flüche im Bund mit Israel gegen die Nationen wenden und sie so richten, weil sie Israel während der Diaspora verfolgt haben (5Mo 30,7).

Ausserdem wird die Drangsalszeit zu Israels Bekehrung führen (Hes 20,37-39; Sach 13,8-9; Röm 11,26), und sie werden Jesus als den Messias anerkennen (Sach 12,10). Das wiederum wird die Segnungen des Tausendjährigen Reiches über Israel und die Welt bringen. Wir sehen also, dass die Gemeinde weggenommen werden muss, bevor Gott die Erde mit seinen übernatürlichen Gerichten heimsuchen kann. Diese Wegnahme, die wir Entrückung nennen, entspricht dem biblischen Muster, dass Gott seine Botschafter vor Beginn des Konflikts zu sich ruft. Gottes himmlisches Volk (die Gemeinde) wird nach Hause gebracht, bekleidet und vorbereitet auf seinen Gang zum Traualtar vor dem zweiten Kommen Christi. Das ist ein schönes Bild, das die

Details der biblischen Prophetie mit der Ausführung des historischen Plans Gottes verbindet. Als Braut Christi, die voller Sehnsucht wartet, können wir nur sagen: «Und der Geist und die Braut sprechen: Komm! Und wer es hört, der spreche: Komm! Und wen da dürstet, der komme; und wer da will, der nehme das Wasser des Lebens umsonst!» (Offb 22,17).

Inwiefern lehrt Offenbarung 3,10, dass die Entrückung vor der Drangsalszeit stattfindet?

In Offenbarung 3,10 lesen wir: «Weil du das Wort vom standhaften Ausharren auf mich bewahrt hast, werde auch ich dich bewahren vor der Stunde der Versuchung, die über den ganzen Erdkreis kommen wird, damit die versucht werden, die auf der Erde wohnen.» Das griechische Wort *tereo* («bewahrt») meint seiner Grundbedeutung nach, etwas so zu belassen, wie es ist. Die *tereo* beigefügte Präposition ist *ek* («aus»), wodurch der Gedanke von «draussen bleiben» oder «heraushalten» entsteht. Diese Aussage verheisst den Gläubigen, dass sie vor der Stunde oder der Zeit der Drangsal bewahrt werden, die in dieser Stelle bezeichnet wird als die «Stunde der Versuchung, die über den ganzen Erdkreis kommen wird, damit die versucht werden, die auf der Erde wohnen.» Die Stunde der Versuchung, so heisst es hier, wird in der Zukunft über die ganze Erde kommen. Sie wird so furchtbar sein, dass Gott sie in seiner Gnade verkürzen wird (Mt 24,22).

Das hat sich in den Tagen der frühen Gemeinde eindeutig noch nicht ereignet, da niemand auf eine Zeit verweisen kann, in der die ganze Erde im ersten Jahrhundert versucht wurde. Offenbarung 3,10 beschreibt die Stellung und den Status der Gemeinde während der Stunde der Versuchung, und eine solche Zeit gab es in den Tagen der frühen Gemeinde nicht. Es zeigt die Folgen der Entrückung auf, nämlich dass die Gemeinde vor der Stunde der Versuchung bewahrt wird. Somit ist diese Stelle ein starkes Argument für den Prätribulationismus.

Was bedeutet bevorstehend in Verbindung mit der Entrückung?

Das Neue Testament lehrt, dass Christus seine Gemeinde *in jedem Augenblick* entrücken könnte, ohne vorherige Zeichen oder Warnung (1Kor 1,7; 16,22; Phil 3,20; 4,5; 1Thes 1,10; Tit 2,13; Hebr 9,28; Jak 5,7-9; 1Petr 1,13; Jud 1,21; Offb 3,11; 22,7.12.17.20). Diese Verse zeigen, dass Christus jederzeit zurückkehren könnte – ohne Vorwarnung. Sie lehren die Gläubigen, in der permanenten Erwartung der Rückkehr des Herrn zu leben.

Das *Oxford English Dictionary* beschreibt ein bevorstehendes Ereignis als etwas, das stets «über einem schwebt und jeder Zeit bereit ist, einer Person zu widerfahren oder sie einzuholen; und sehr nahe in seinem Auftreten ist.» Andere Dinge mögen sich vorher noch ereignen, aber nichts muss zwangsläufig davor noch geschehen. Wenn noch etwas anderes passieren muss, bevor ein Ereignis eintreten kann, dann steht dieses nicht direkt bevor.

Da eine Person nie wissen kann, wann ein bevorstehendes Ereignis stattfindet, kann sie nicht mit einer bestimmten Menge an Zeit vor diesem Ereignis rechnen. Man kann nicht berechtigterweise sagen, dass ein bevorstehendes Ereignis schon bald geschieht, da das Wort *bald* auf eine kurze Zeitspanne hindeutet. Ein bevorstehendes Ereignis mag zwar nach kurzer Zeit eintreffen, aber das muss es nicht unbedingt, um als bevorstehend bezeichnet werden zu können. Nur der Prätribulationismus kann einem jedezeit bevorstehenden Ereignis wie der Entrückung eine wörtliche Bedeutung geben.

Wofür steht in Daniel 2 der «Stein», der sich «ohne Zutun von Menschenhänden losriss»?

Daniel 2 berichtet von einer Vision, in der König Nebukadnezar einen grossen Stein sah, der sich von einem Berg losriss, ohne dass Menschen daran beteiligt waren. Dieser Stein schlug gegen die Füsse eines Standbilds und zerstörte es völlig (V. 44-45). Anschliessend wurde aus dem Stein ein grosser Berg, der die ganze Erde erfüllte. Dieser «Stein», der sich «ohne Zutun von Menschenhänden losriss», ist ein Bild vom Tausendjährigen Reich Christi. Die Tatsache, dass er sich ohne das Zutun von Menschen losreisst, macht seinen göttlichen Ursprung deutlich, im Gegensatz zu den verschiedenen Reichen des Menschen, die der Stein zerstört.

2. Mose 20,25 gibt Einblick, warum der Anfang des Reiches Christi als ein Stein dargestellt wird, der sich ohne das Einwirken von Menschen losreisst: «Und wenn du mir einen steinernen Altar machen willst, sollst du ihn nicht aus behauenen Steinen bauen; denn wenn du deinen Meissel darüber schwingen würdest, so würdest du ihn entweihen.» Auf die Prophetie übertragen bedeutet das, dass Christus das Reich des Antichristen in der Drangsalszeit ohne menschliche Hilfe richten wird. Er allein wird es zerschlagen und für immer auslöschen und so den Weg bereiten für seine tausendjährige Herrschaft und sein ewiges Reich in den neuen Himmeln und der neuen Erde.

Was oder wer sind die sieben Berge in Offenbarung 17?

Offenbarung 17,9-10 sagt: «Die sieben Köpfe sind sieben Berge, auf denen die Frau sitzt. Und es sind sieben Könige: Fünf sind gefallen, und der eine ist da – der andere ist noch nicht gekommen; und wenn er kommt, muss er für eine kurze Zeit bleiben.» Die Stelle verrät uns, dass die sieben Berge oder Hügel sieben Köpfe sind. Anschliessend heisst es, dass die sieben Hügel sieben Könige sind. Somit beziehen sich die sieben Hügel auf sieben Könige, nicht auf tatsächliche Hügel in Rom oder Jerusalem, wie manche sagen. In einer ähnlichen Stelle mit derselben Symbolik und demselben Thema erfahren wir, dass ein König auch ein Reich darstellt (s. Dan 7,17.23).

Somit beziehen sich die sieben Hügel oder Reiche auf jene Reiche, die Israel in der Geschichte verfolgt haben. Wenn Offenbarung 17,10 sagt, dass «fünf gefallen sind», meint sie 1) Ägypten, 2) Assyrien, 3) Babylon, 4) Medo-Persien und 5) Griechenland. Alle diese Reiche waren gefallen, als Johannes um 95 n. Chr. das Buch der Offenbarung schrieb. Danach heisst es, «der eine ist da», womit

6) Rom gemeint ist, die Weltmacht zu der Zeit, als Johannes seine Worte aufschrieb. Schliesslich sagt der Text, «der andere ist noch nicht gekommen», was ein Hinweis auf 7) das wiedererstandene Römische Reich ist, über welches das Tier oder der Antichrist in der Zukunft «eine kurze Zeit» herrschen wird.

Was ist die 70. Woche Daniels in Daniel 9,24-27?

Laut Daniel 9,27 wird der Antichrist in der 70. Woche und nach der Erfüllung der zuvor prophezeiten 69 Wochen an die Macht kommen. Daniel schrieb:

> «Und er [der Antichrist] wird mit den Vielen einen festen Bund schliessen eine Woche lang; und in der Mitte der Woche wird er Schlacht- und Speisopfer aufhören lassen, und neben dem Flügel werden Gräuel der Verwüstung aufgestellt, und zwar bis die fest beschlossene Vernichtung sich über den Verwüster ergiesst» (V. 27).

Die 70. Woche ist ein zukünftiger, sieben Jahre umspannender Zeitraum, der gleichbedeutend mit der Drangsalszeit ist. Diese Zeit, in der es noch nie dagewesene Leiden und Unruhen geben wird, schliesst sich an die Entrückung der Gemeinde an. Die 70. Woche ist der Zeitraum, mit dem die Schrift eine ganze Reihe von anschaulichen Begriffen verbindet wie Drangsalszeit, grosse Drangsalszeit, Tag des Herrn, Tag des Zorns, Tag der Drangsal, Tag der Not, Zeit der Drangsal für Jakob, Tag der Finsternis und des Dunkels und Zorn des Lammes. Am Anfang der zweiten Hälfte der 70. Woche wird der Antichrist seinen Bund mit Israel brechen. Das meint der Ausdruck «eine Zeit, zwei Zeiten und eine halbe Zeit» (Dan 12,7; s. auch Dan 7,27; Offb 12,14).

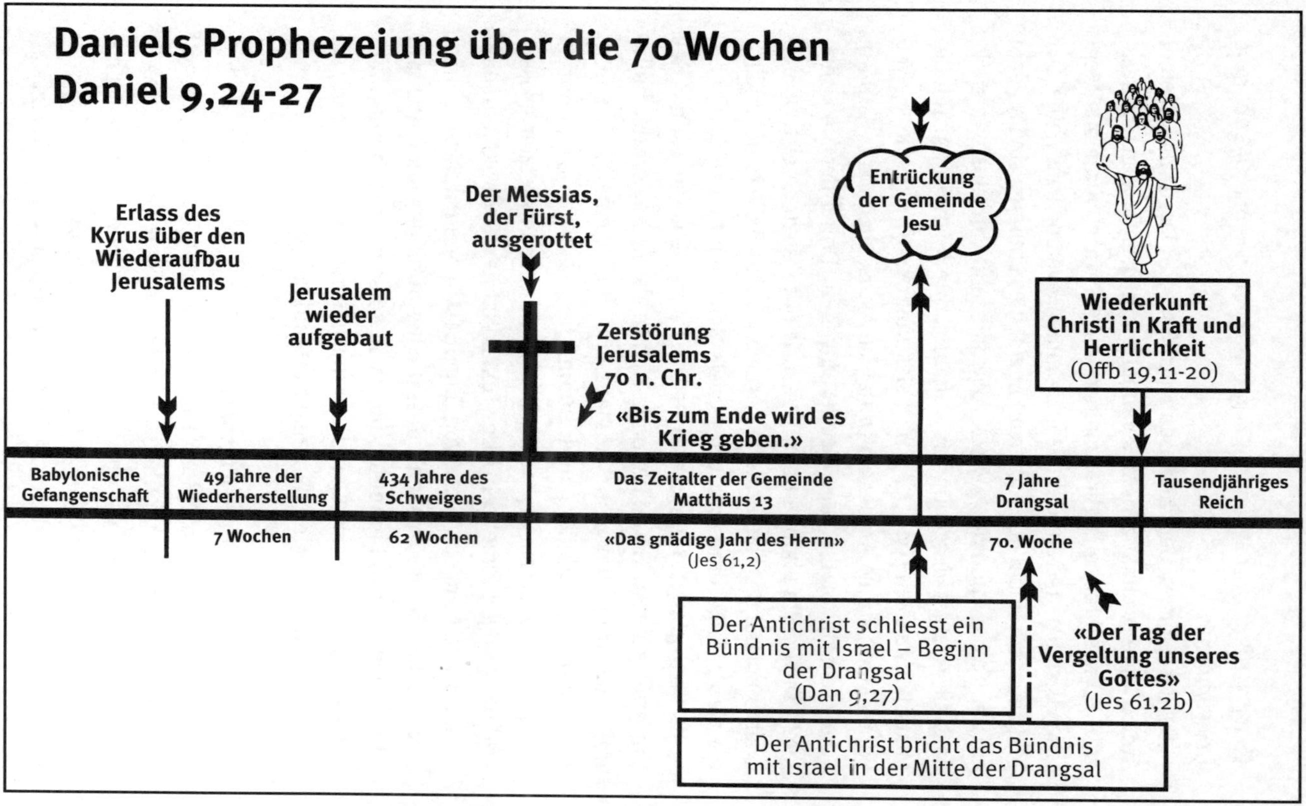

Daniels Prophezeiung über die 70 Wochen
Daniel 9,24-27
Erlass des Kyrus über den Wiederaufbau Jerusalems
Jerusalem wieder aufgebaut
Der Messias, der Fürst, ausgerottet
Zerstörung Jerusalems 70 n. Chr.
«Bis zum Ende wird es Krieg geben.»
Entrückung der Gemeinde Jesu
Wiederkunft Christi in Kraft und Herrlichkeit (Offb 19,11-20)
Babylonische Gefangenschaft
49 Jahre der Wiederherstellung
434 Jahre des Schweigens
Das Zeitalter der Gemeinde Matthäus 13
7 Jahre Drangsal
Tausendjähriges Reich
7 Wochen
62 Wochen
«Das gnädige Jahr des Herrn» (Jes 61,2)
70. Woche
Der Antichrist schliesst ein Bündnis mit Israel – Beginn der Drangsal (Dan 9,27)
«Der Tag der Vergeltung unseres Gottes» (Jes 61,2b)
Der Antichrist bricht das Bündnis mit Israel in der Mitte der Drangsal

Woher wird die 200 Millionen Mann starke Armee aus Offenbarung 9,16 kommen?

Bei der sechsten Gerichtsposaune (Offb 9,13-21) lesen wir von einer Armee, die «zweimal zehntausendmal zehntausend» Mann umfasst (V. 16). Viele Prophetielehrer meinen, diese Armee würde aus Menschen bestehen und aus dem Osten kommen, eventuell aus China. Der Text sagt aber auch: «Löse die vier Engel, die gebunden sind an dem grossen Strom Euphrat!» (V. 14). Anschliessend wird uns mitgeteilt, dass diese Engel «losgebunden wurden, ... [um] den dritten Teil der Menschen zu töten» (V. 15). Als nächstes erfahren wir, dass die 200 Millionen Mann starke Armee ein Drittel der Menschheit tötet (V. 16-18). Somit sagt die Stelle, dass die vier Engel ein Drittel der Menschen töten. Die Beschreibung in den Versen 17-19 passt zu einer 200 Millionen umfassenden dämonischen Armee, was auch die Mittel erklärt, die die vier Engel einsetzen, um so viele Menschen zu töten.

Es wird gesagt, dass die Armee aus den Gebieten östlich des Euphrats kommt. Heute befinden sich in dieser Region der halbe Irak, der Iran, Pakistan, Afghanistan, die ehemaligen islamischen Sowjetrepubliken und Indonesien. Östlich des Euphrats leben mehr Muslime als westlich. Könnte dies ein letzter grosser Dschihad gegen Israel sein? Der Text stützt den Gedanken an eine dämonische Armee, weil sie von Engeln (Dämonen) angeführt wird sowie aufgrund der Tatsache, dass die Beschreibung der Reiter und Pferde eher seltsam anmutet und nicht so sehr zu moderner Militärausrüstung passt. Was und wer diese Armee auch sein mag, sie wird offenbar von Dämonen inspiriert und besessen.

Was ist das «Büchlein» in Offenbarung 10?

Das «Büchlein» in Offenbarung 10 bezieht sich deutlich auf irgendeine Form des prophetischen Wortes Gottes an die Menschheit. Genauer gesagt, es scheint alttestamentliche Gerichtsprophezeiungen über die Feinde Gottes und die Errettung der Gläubigen zu enthalten. Da von dem Engel gesagt wird, dass er einen Fuss auf die Erde und den anderen auf das Meer setzte (V. 2), wird deutlich, dass die Prophezeiungen in diesem Buch Gerichte über die Erde und das Meer beinhalten. Danach nahm Johannes das Büchlein von dem Engel und sollte es essen (V. 9).

Anfangs spricht Johannes vom süssen Geschmack des Buches. Aber in seinem Magen wurde es dann bitter (V. 10). Die Süsse scheint sich darauf zu beziehen, dass das Wissen vom Gericht über das Böse eine angenehme Wirkung auf das Volk Gottes hat. Und die Bitterkeit entsteht wahrscheinlich, wenn man die bitteren Folgen des Gerichts erkennt und über sie nachdenkt. Das Gerichtsbüchlein lehrt uns, dass Gott einen Gerichtsplan hat, der bereits durch die alttestamentlichen Propheten geoffenbart wurde. Dieser Plan kommt in der zweiten Hälfte der Drangsalszeit zum Einsatz.

Finden wir Amerika in der biblischen Prophetie?

Niemand bestreitet die Tatsache, dass Amerika eine einzigartige Geschichte aufzuweisen hat, in deren Lauf es zu einer militärischen und politischen Grossmacht in internationalen Angelegenheiten wurde und nach wie vor ist. In einem Vierteljahrtausend ist Amerika zu einer Nation geworden, die sich von jeder anderen in der Weltgeschichte unterscheidet. In gewisser Hinsicht kann Amerika es mit Nationen mit einer viel längeren Geschichte aufnehmen. Aber die Bibel ist auffallend still, was Amerikas Rolle in der biblischen Prophetie angeht. Eines der schwierigsten Dinge für amerikanische Prophetiestudenten ist zu akzeptieren, dass die Vereinigten Staaten in der biblischen Prophetie nicht eindeutig erwähnt werden, obwohl unsere Nation heute die führende Supermacht in der Welt ist.

Selten, wenn überhaupt, fragt jemand: «Wie passen Mexiko oder Kanada oder Chile in die biblische Prophetie?» Wir müssen erkennen, dass manche Dinge in der Schrift einfach nicht erwähnt werden. Prophetiestudenten finden es verwirrend, dass die Vereinigten Staaten nicht vorkommen, obwohl sie ein starkes christliches Erbe vorzuweisen haben und eine Supermacht sind. Ihnen fällt es schwer, sich ein prophetisches Szenario vorzustellen, in dem Amerika, die einflussreichste Nation der Welt, keine Rolle spielt.

Aber ein Überblick über die Bibel zeigt, dass die biblische Prophetie keine konkreten Angaben zu den Vereinigten Staaten macht. Am nächsten kommen dem noch biblische Aussagen darüber, was die Nationen der Welt im Allgemeinen in der Drangsalszeit machen werden. Stellen wie Haggai 2,6-7, Jesaja 66,18-20 und Sacharja 12,2-3 sprechen von allen Nationen, die an den Ereignissen in der Endzeit beteiligt sind. Diese Art von Anspielungen könnten die Vereinigten Staaten bei ihrer Erfüllung einschliessen, aber sie lehren nichts Konkretes über Amerika hinsichtlich der biblischen Prophetie.

Manche vermuten hinter dem Ausdruck «die Kaufleute von Tarsis» in Hesekiel 38,13 einen Hinweis auf europäische Nationen und im weiteren Sinne Amerika als einen der «jungen Löwen» (ausgewanderte Europäer), die gegen die Invasion Israels durch Gog und Magog protestieren. Der Text von Hesekiel 38–39 macht jedoch deutlich, dass diese Nationen Israel nicht zur Hilfe kommen. Das scheint anzudeuten, dass Amerikas derzeitige Politik, Israel nicht direkt zu unterstützen, fortgeführt wird.

Andere glauben, dass Amerika nach der Entrückung keine bedeutende politische, soziale und militärische Macht mehr sein wird. Sie gehen davon aus, dass Amerika nicht erwähnt wird, weil es nicht länger eine wichtige Rolle auf der Weltbühne spielt. Wieder andere sehen in dem endzeitlichen «Babylon» einen symbolischen Namen für Amerika, da dieses «Babylon» als Handelsweltmacht in den letzten Tagen beschrieben wird (s. Offb 17–18).

Ganz gleich, welchen Standpunkt Bibelausleger einnehmen, eines ist klar: Amerika wird in den Endzeit-Prophezeiungen nicht ausdrücklich mit Namen genannt. Ausserdem steht Israel im Mittelpunkt der allermeisten biblischen Prophezeiungen über die letzten Tage. Diese Nation allein ist das geografische Zentrum von Gottes Endzeitplan.

Wann wird Israel zum ersten Mal in der Bibel erwähnt?

In 1. Mose 32,29 änderte Gott Jakobs Namen in Israel. In der Stelle heisst es: «Dein Name soll nicht mehr Jakob sein, sondern Israel; denn du hast mit Gott und Menschen gekämpft und hast gewonnen!» Als Vater von zwölf Söhnen wurde Jakob der Patriarch der «Söhne Israels», die ihrerseits die Vorfahren der zwölf Stämme Israels waren (1Mo 49,28).

Warum hat Israel eine so einzigartige Stellung in der Bibel?

Der Prophet Jesaja schrieb: «Und nun, so spricht der Herr, der dich geschaffen hat, Jakob, und der dich gebildet hat, Israel. ... Ich habe dich bei deinem Namen gerufen; du bist mein» (43,1). In 5. Mose 7,6 erklärte Mose: «Denn ein heiliges Volk bist du für den Herrn, deinen Gott; dich hat der Herr, dein Gott, aus allen Völkern erwählt, die auf Erden sind, damit du ein Volk des Eigentums für ihn seist.» Gott schuf Israel und erwählte es sich zu seinem Volk. Durch die Israeliten offenbarte er sein Wort, gab sein Gesetz und seine Verheissungen bekannt, machte seine zukünftigen Absichten deutlich und sandte den Messias.

In welcher Beziehung stand Jesus im Neuen Testament zu Israel?

Das Neue Testament beginnt mit dem Stammbaum Jesu als Juden (Mt 1,1-17). Er ist der Nachkomme Abrahams, Isaaks, Jakobs, Judas und Davids. Sein Anspruch, der Messias (der Christus) zu sein, war verbunden mit seiner Abstammung aus dem «Haus ... Davids» (Lk 2,4). Als Jude ging Jesus regelmässig in die Synagoge (Lk 4,16). In seiner Begegnung mit der samaritischen Frau bestätigte Jesus eindeutig: «Das Heil kommt aus den Juden» (Joh 4,22). Als sie meinte, der Messias würde kommen und die Fragen aller beantworten, sagte Jesus zu ihr: «Ich bin's, der mit dir redet!» (Joh 4,26).

Warum sagte Jesus seinen Jüngern, sie sollten nur zu den verlorenen Schafen Israels gehen?

Zuerst sandte Jesus die Jünger zum «Haus Israel», um zu verkünden, dass das Reich der Himmel nahe war. In Matthäus 10,5 sagte er ihnen, sie sollten nicht zu den Nationen oder den Samaritern gehen. Doch später tat er beides selbst (Mt 15,21-28; Lk 10,22; Joh 4,4). Nach seiner Auferstehung gab Jesus seinen Jüngern den Auftrag, «alle Völker» mit dem Evangelium zu erreichen (Mt 28,19; s. auch Lk 24,47). Schon in seinen Ausführungen in der Synagoge von Nazareth (Lk 4,23-27) machte Jesus deutlich, dass Gott die Nationen (Nichtjuden) segnen wollte.

Warum also der Auftrag, nur zu den Juden zu gehen? Erstens kümmerte sich Jesus zuerst um sein eigenes Volk. Später sagte er den Jüngern, sie sollten seine Zeugen sein «in Jerusalem und in ganz Judäa und Samaria und bis an das Ende der Erde!» (Apg 1,8). Auch der Apostel Paulus brachte den Gedanken zum Ausdruck, dass das Evangelium «zuerst für den Juden» da war (Röm 1,16). Zweitens bot Jesus den Juden die Verheissung auf das Reich an, um die alttestamentlichen Prophezeiungen zu erfüllen. Erst nachdem sie sein Angebot deutlich abgelehnt hatten, verkündete er, dass er seine Gemeinde bauen würde (Mt 16,18). Ab diesem Zeitpunkt konzentrierte er sich darauf, nach Jerusalem zu gehen, dort zu sterben und am dritten Tag auferweckt zu werden (Mt 16,21).

Verlor Israel seine Bundesverheissungen, weil es Christus ablehnte?

Der Apostel Paulus, der selbst ein Jude war, gab darauf eine klare Antwort. In Römer 11,1 fragte er: «Hat Gott etwa sein Volk verstossen? Das sei ferne!» In den Kapiteln 9–11 des Römerbriefes macht Paulus deutlich, dass Israels Ablehnung des Messias nicht endgültig war. Es gibt noch einen «Überrest» von jüdischen Gläubigen (Röm 11,5), und wenn die Vollzahl der Nationen gekommen ist, wird «ganz Israel» bei der Rückkehr des Erlösers gerettet werden (11,26). Gottes bedingungsloser Bund mit Abraham war die

Grundlage aller seiner Bündnisse mit Israel. Gott hatte Abraham verheissen, dass seine Nachkommen (sein Same) im verheissenen Land zu einer grossen Nation (Israel) werden sollten und durch ihn alle Völker der Erde gesegnet würden (1Mo 12,1-3). Dieser weltweite Segen kommt durch Abrahams Nachkommen, Jesus, den Messias, den Erlöser aller Menschen.

Wenn alle Gläubige in Christus eins sind, werden dadurch nicht nationale Unterschiede in der Zeit der Gemeinde aufgehoben?

Nein, keineswegs. Obschon wir alle Brüder und Schwestern in Gottes Familie sind, bleiben unsere nationalen Unterschiede dennoch bestehen. Gott hat eine souveräne Absicht mit den Nationen der Welt. Geistliche Einheit hebt nationale Vielfalt nicht auf. Offenbarung 21,24-26 bestätigt sogar die Existenz verschiedener Völker im ewigen Zustand. Michael Vlach schreibt: «Die Anwesenheit von mehreren Völkern im ewigen Zustand weist darauf hin, dass es nicht Gottes Absicht ist, alle zu Israel zu machen, wie Nicht-Dispensationalisten oft behaupten. Es findet sich kein Hinweis, dass die Völker in Offenbarung 21 und 22 alle als ‹Israel› zu erkennen sind. Israels Rolle ist es, den Nationen Segen zu bringen, nicht, jeden zu Israel zu machen.»[1]

Können wir den heutigen Staat Israel wirklich mit dem biblischen Israel gleichsetzen?

Absolut! Allein die DNA-Beweise bestätigen, dass Israelis jüdischer Abstammung sind, auch wenn viele von ihnen Personen anderer Nationalität geheiratet haben. Dasselbe traf auf die biblischen Israeliten zu. Juda hatte Söhne mit Tamar, einer Kanaaniterin (1Mo 38,1-30). Joseph zeugte mit Asnath, einer Ägypterin, die Stämme Ephraim und Manasse (1Mo 41,45-52). Mose hatte Söhne mit Zippora, einer Midianiterin (2Mo 2,16-22). Boas heiratete die Moabiterin Ruth, und sie wurden die Vorfahren von David und Jesus (Rt 4,5-17). Wenn sie alle und viele mehr als jüdisch angesehen wurden, warum sollte das bei den heutigen Israelis anders sein? Sie betrachteten sich selbst als Juden – so wie es auch Adolf Hitler tat!

Nicht-Prämillennialisten versuchen oft, das heutige vom biblischen Israel zu trennen, indem sie behaupten, der moderne Staat Israel habe kein Recht, Gottes Segen durch den abrahamitischen Bund für sich zu beanspruchen. Aber der abrahamitische Bund war eine bedingungslose Garantie auf das Land an Abrahams Nachkommenschaft (1Mo 15,18-21). Im Gegensatz dazu verhiess der mosaische Bund dem Volk Israel in seinem Land entweder Segen oder Fluch, abhängig von ihrem Gehorsam oder Ungehorsam (5Mo 28). Während Ungehorsam zur zeitweiligen Vertreibung aus dem Land führen konnte, hatte Gott stets verheissen, das Volk in den letzten Tagen ins Land zurückzubringen (Am 9,11-15).

Wann wird Israel errettet werden?

In Römer 11,26 sagte der Apostel Paulus voraus: «Ganz Israel wird gerettet werden.» Das bedeutet offensichtlich nicht, dass jeder Jude von jeher errettet wird. Ebenso wenig ist damit gemeint, dass jeder, der in Israel lebt, errettet wird. Der Prophet Sacharja sagte eine Zeit voraus, in der Gott den Geist der Gnade über die Bewohner Jerusalems ausgiessen wird, und sie werden nach ihm rufen, den sie durchstochen haben (12,10). Er prophezeite aber auch, dass sich in der Drangsalszeit nur ein Drittel des Volkes zum Messias hinwenden wird (13,8-9). Jesus prophezeite, er würde zurückkommen, bis die Menschen von Jerusalem sagen: «Gepriesen sei der, welcher kommt im Namen des Herrn!» (Mt 23,39). Das wird in der Drangsalszeit geschehen und bevor Christus sein Tausendjähriges Reich auf der Erde aufrichtet (Jes 62,11). Dann wird der Messias kommen, um über alle Völker der Erde zu herrschen, einschliesslich Israel. Und alle Erlösten Israels werden in sein herrliches Reich eingehen (Jes 60,1-5).

Bibliografie

Ankerberg, John und Dillon Burroughs. Middle East Meltdown. Eugene, OR: Harvest House, 2007.

——und Jimmy DeYoung. Israel Under Fire. Eugene, OR: Harvest House, 2009.

Gold, Dore. The Fight for Jerusalem: Radical Islam, the West, and the Future of the Holy City. Washington, DC: Regnery Publishing, 2007.

Hindson, Ed. 15 Future Events That Will Shake the World. Eugene, OR: Harvest House, 2014.

——Revelation: Unlocking the Future. Chattanooga, TN: AMG Publishers, 2002.

Hitchcock, Mark. The End. Carol Stream, IL: Tyndale House, 2012.

Hocking, David. Israel: Chosen by God. Tustin, CA: HFT Publications, 2011.

Horner, Barry. Future Israel: Why Christian Anti-Judaism Must Be Challenged. Nashville, B&H, 2007.

Hunt, Dave. A Cup of Trembling. Eugene, OR: Harvest House, 1995.

Ice, Thomas und Timothy Demy. Fast Facts on Bible Prophecy. Eugene, OR: Harvest House, 1997.

——When the Trumpet Sounds. Eugene, OR: Harvest House, 1995.

Jeremiah, David. Agents of the Apocalypse: A Riveting Look at the Key Players of the End Times. Carol Stream, IL: Tyndale House, 2014.

——What in the World Is Going On? Nashville: Thomas Nelson, 2008.

Kay, Arthur, W. The Rebirth of the State of Israel: Is It of God or of Men? Grand Rapids: Baker, 1976.

LaHaye, Tim. Revelation Unveiled. Grand Rapids: Zondervan, 1999.

——und Ed Hindson. The Essential Guide to Bible Prophecy. Eugene, OR: Harvest House, 2012.

——und Ed Hindson. The Popular Encyclopedia of Bibel Prophecy. Eugene, OR: Harvest House, 2004.

——und Jerry Jenkins. Are We Living in the Last Days? Wheaton, IL: Tyndale House, 1999.

——und Thomas Ice. Charting the End Times. Eugene, OR: Harvest House, 2001.

——und Craid Parshall. The Edge of Darkness. New York: Bantam/ Dell, 2006.

Larson, David. Jews, Gentiles, and the Church. Grand Rapids: Zondervan, 1995.

Lutzer, Erwin. The Cross in the Shadow of the Crescent. Eugene, OR: Harvest House, 2013.

——The King Is Coming. Chicago: Moody Press, 2012.

MacArthur, John. The Second Coming. Wheaton, IL: Crossway Books, 1999.

——und Richard Mayhue. Christ's Prophetic Plans: A Futuristic Premillennial Primer. Chicago: Moody Press, 2012.

Pentecost, J. Dwight. Things to Come: A Study in Biblical Eschatology. Grand Rapids: Zondervan, 1964.

Price, Randall. Unholy War. Eugene, OR: Harvest House, 2001.

Rydelnik, Michael. The Messianic Hope: Is the Hebrew Bible Really Messianic? Nashville: B&H, 2010.

Vlach, Michael J. Has the Church Replaced Israel? A Theological Evaluation. Nashville: B&H, 2010.

Walvoord, John. Major Bible Prophecies. Grand Rapids: Zondervan, 1991.

——— mit Mark Hitchcock. Armageddon, Oil, and Terror. Carol Stream, IL: Tyndale House, 2007.

Endnoten

Eine neue, wachsende Krise

1. *Tim LaHaye und Thomas Ice, Charting the End Times (Eugene, OR: Harvest House, 2001), S. 84.*

Kapitel 1 – Israel im Kreuzfeuer von Gog und Magog

1. *Zitiert von Martin Landmesser, Stefano Fehr, Islam und Muslime aus der Sicht Luthers (Martin-Blaich-Verlag, Stuttgart, 2017), S. 27.*

Kapitel 2 – Die religiösen Überzeugungen der Feinde Israels

1. *Don Belt, Hrsg. The World of Islam (Washington, DC: National Geographic 2001), S. 128-175. Siehe auch J. Ankerberg und J. Weldon, Fast Facts on Islam (Eugene, OR: Harvest House, 2001), S. 13-18*

2. *«10,000 Extremist Websites on the Internet», Emirates 24/7, 26. März 2013. Zugriff auf http://www.webcitation.org/query?url=http://www.emirates247.com/news/region/10-000-extremist-websites-on-internet-expert-2013-03-26-1.500188&date=2013-03-27.*

3. *Kevin Sullivan, «Three American Teens, Recruit Online, Caught Trying to Join the Islamic State», Washington Post, 8. Dezember 2014. Zugriff auf http://www.washingtonpost.com/world/national-security/three-american-teens-recruited-online-are-caught-trying-to-join-the-islamic-state/2014/12/08/8022e6c4-7afb-11e4-84d4-7c896b90abdc_story.html.*

4. *Gregory M. Davis, «Islam 101», JihadWatch.org. Zugriff auf http://www.jihadwatch.org/islam-101.*

5. *S. auf http://www.fordham.edu/halsall/source/pact-umar.html.*

6. *S. auf http://www.apinfo.eu/fatimapoem.pdf.*

7. *Robert Evans, «Atheists face death in 13 countries, global discrimination: study», Reuters, 9. Dezember 2013. Zugriff auf http://www.reuters.com/article/2013/12/10/us-religion-atheists-idUSBRE9B900G20131210.*

8. *Kersten Knipp, «Saudi Religious Police Crack Down on Bloggers», DW.de, 5. Dezember 2014. Zugriff auf http://www.dw.de/saudi-religious-police-crack-down-on-bloggers/a-18113104.*

9. *Lucinda Borkett-Jones, «Iraqi churches used as Islamic State prisons», Christiantoday.com, 4. Dezember 2014. Zugriff auf http://www.christiantoday.com/article/iraqi.churches.used.as.islamic.state.prisons/43866.htm.*

10. *«More than 1200 Iraqis killed in November by acts of terrorism and violence», Fox News, 1. Dezember 2014. Zugriff auf http://www.foxnews.com/world/2014/12/01/more-than-1200-iraqis-killed-in-november-by-acts-terrorism-and-violence/.*

11. *Diese Zahlen finden sich auf http://www.thereligionofpeace.com/. Es gibt eine fortlaufende Liste, die bis zum 11. September 2001 zurückreicht. Die monatlichen Zahlen werden auf der Homepage in der linken Spalte zusammengerechnet.*

Kapitel 3 – Das Wunder der Existenz Israels

1. *Der Text der Balfour-Deklaration findet sich auf http://www.jewishvirtuallibrary.org/jsource/History/baltoc.html.*

Kapitel 5 – Die Beantwortung der drei Schlüsselfragen

1. *The New Defenders Study Bible (Nashville: Thomas Nelson, 2006), S. 1438 (Mt 24,6).*

Kapitel 7 – Israel als Feigenbaum

1. *David L. Cooper, «Rules of Interpretation», Biblical Research Monthly, 1947, 1949. Zugriff auf http://www.biblicalresearch.info/page7.html.*

Kapitel 8 – Das Wunder der Sammlung Israels in seinem Heimatland

1. *Rabbi Menachem Kohen, Prophecies for the Era of Muslim Terror (Brooklyn, NY: Lamda Publishers, 2000), S. 26.*

2. *James Combs, «Israel in Two Centuries», in Tim LaHaye Prophecy Study Bible (Chattanooga, TN: AMG Publishers, 2000), S. 874.*

3. *Combs, «Israel in Two Centuries», S. 874.*

Kapitel 10 – Das zukünftige Tausendjährige Reich

1. *John Walvoord, The Revelation of Jesus Christ (Chicago: Moody, 1989), S. 325.*

Anhang 2 – Häufig gestellte Fragen über Israel und die Endzeit

1. *Michael Vlach, «What About Israel?», in Christ's Prophetic Plans, John MacArthur und Richard Mayhue, Hrsg. (Chicago: Moody Press, 2012), S. 107.*